G. von Waldersee

Der Krieg gegen Dänemark im Jahre 1864

Band 4

G. von Waldersee

Der Krieg gegen Dänemark im Jahre 1864
Band 4

ISBN/EAN: 9783743391116

Hergestellt in Europa, USA, Kanada, Australien, Japan

Cover: Foto ©ninafisch / pixelio.de

Weitere Bücher finden Sie auf **www.hansebooks.com**

Der

Krieg gegen Dänemark

im Jahre 1864.

Bearbeitet

von

G. Gr. W.,

Königl. Preußischem Generalstabs-Offizier der verbündeten Armee.

Mit Beilagen, Karten und Plänen.

Vierte Lieferung.

Berlin.

Verlag von Alexander Duncker,
Königl. Hofbuchhändler.
1865.

Bei dem schweren Lettenboden, der bearbeitet werden mußte stieß man auf nicht unbedeutende Schwierigkeiten, welche besonders das quellenartig zuströmende Wasser bereitete, dessen man nicht immer Herr zu werden und es abzuleiten vermochte. Dies machte denn auch die Laufgräben an einigen Stellen vollständig unpassirbar und lieferte nebenbei den Beweis, daß die Beschaffung der hohen Stiefel für die Arbeiter ein unumgängliches Bedürfniß gewesen war.

Die Tranchee wurde in dieser Nacht auf fünf Fuß oberer Breite, vier Fuß Sohlenbreite und drei Fuß Tiefe fertig gebracht, ohne daß der Feind, welcher mit Ausbesserungsarbeiten in seiner eigenen Stellung beschäftigt schien, irgend eine Störung verursachte. Als der Tag anbrach, stellte man die Arbeit ein, zog die Mannschaften aus den Trancheen zurück und ließ nur die Vorposten stehen. Der Bau sollte während des Tages ruhen, um das Feuer aus den Schanzen und von den Schiffen nicht auf die Arbeiter zu lenken und hierdurch unabwendbare und nutzlose Verluste herbeizuführen, welche eintreten mußten, so lange die Batterien noch nicht thätig waren. Den Bau und die Armirung der Batterien gleichzeitig mit der ersten Parallele auszuführen hatte man, nach gründlicher Erwägung der Verhältnisse, aufgegeben und zwar, weil das Angriffsfeld durch die Natur so bestimmt vorgezeichnet ist, daß den Dänen kein Zweifel darüber bleiben konnte, auf welchem Terrain wir vorgehen würden, der Grund also, den Feind mit der Eröffnung der Parallele und dem gleichzeitigen Beginnen einer überwältigenden Kanonade zu überraschen, bevor die angegriffene Front gehörig armirt war, hier fortfallen mußte. Er sah sich genöthigt, seine zehn Schanzen sämmtlich gegen einen regelmäßigen Angriff armirt zu halten und hatte dies auch gethan, indem er so viel schwere Geschütze dort aufstellte, als nur Platz fanden; hiervon überzeugte uns der eigene Augenschein. Ferner war ja zur Zeit der ganze Angriff nur eine Demonstration. Demgemäß wurden die Batterien auch größtentheils nur mit glattem Geschütz armirt. Die angeführten Umstände ließen es zu und rechtfertigten den Entschluß, die ganze colossale Arbeit auf mehrere Nächte zu vertheilen, um so mehr, als man bei der Beschränktheit der Anfuhrwege zweifelhaft sein mußte, ob sich der Bau und die Armirung überhaupt in einer Nacht ausführen lassen werde.

Im Laufe des 30. thaten die Schanzen nur wenige Schuß nach dem Terrain, auf welchem dem Feinde nun die erste Angriffsarbeit sichtbar geworden sein mußte, fügte den Angreifern aber keinen Schaden zu, da nur die, dem Auge des Feindes möglichst entzogenen Vorposten dort standen. Er mochte überhaupt bald einsehen, daß es uns nur erwünscht sein konnte, wenn er seine Munition gegen die leichten Erdaufwürfe verschwende, und stellte das für ihn nutzlose Feuer ein.

Mit dem Dunkelwerden rückten wiederum vier Bataillone, und zwar die Garde-Brigade, als Arbeiter aus dem Ingenieur-Depot vor, um die Verbreiterung der Tranchee bis auf neun Fuß obere und acht Fuß Sohlenbreite und überhaupt den Ausbau der in voriger Nacht begonnenen Erdarbeiten vorzunehmen. Zu ihrer Deckung stellten sich drei Bataillone der Grenadier-Brigade unter Führung des Obersten v. Winterfeld in der Nähe auf. Das Wasser sammelte sich in den Laufgräben jetzt dergestalt an, daß man sich gezwungen sah, an den Stellen wenigstens, wo sie zum Anmarsch und zur Aufstellung der Truppen dienen sollten, Faschinen und Bohlen zu legen, um nicht bis über die Knie im Wasser und im Moraste zu versinken. Bei dieser Beschaffenheit des Erdreiches stellte es sich schon jetzt klar heraus, daß es nicht möglich sein werde, vom Minenkriege irgend welchen Nutzen zu ziehen, daß aber auch der Vertheidiger hiervon unmöglich einen ausgedehnten Gebrauch machen konnte.

Die Dänen hielten sich auch in der zweiten Nacht vollständig ruhig und schienen den Bau unserer Batterien abwarten zu wollen, ohne etwas dagegen zu wagen. Ebenso verging der 31. März ohne Verluste auf unserer Seite, da die Arbeiten am Tage wiederum ruhten und die sieben Bataillone in ihre Quartiere zurückkehrten.

Da jetzt der Entschluß feststand, in einer der nächsten Nächte den Uebergang nach Alsen auszuführen, so begann in der Nacht zum 1. April der Bau von acht Batterien, welcher ohne eine Störung zu erfahren, bis zum andern Morgen zu Stande kam. Ihre Armirung sollte dann in der kommenden Nacht stattfinden und am 2. April das Bombardement der feindlichen Stellung mit möglichstem Nachdruck — soweit dies mit glatten Geschützen möglich war, — geführt werden.

Zweihundert Schritt hinter der Mitte der ersten Parallele — also etwa 1400 Schritt von den Schanzen entfernt — erbaute man die Batterien VI, VII, VIII, IX und X, 300 Schritt hinter dem linken Flügel von X die Batterie XI, und 200 Schritt weiter vorwärts; ungefähr in gleicher Höhe mit den fünf ersten, nahe der Chaussee, die

Batterie XII, außerdem 500 Schritt nördlich von Düppel, hinter dem Wege, welcher nach dem Pütt-Hause führt, eine getheilte Batterie XIII für sechs Geschütze und zwar in drei von einander getrennten Emplacements für je zwei Kanonen. Zum Batteriebau wurde neben den Artillerie-Mannschaften ein Bataillon der Grenadier-Brigade verwandt, während ein anderes Bataillon Arbeiten im Ingenieur-Park ausführte, ein drittes sich als Reserve bei Wielhoi aufstellte. Der Feind beschränkte seine ganze Thätigkeit in dieser Nacht darauf, einige wirkungslose Granaten nach Kirch-Düppel hineinzuwerfen.

Nachdem der 1. April zu nichts Bemerkenswerthem geführt hatte und auch die Batterien auf Gammelmark, welche ihr Feuer Tag für Tag, aber in mäßiger Weise fortsetzten, keinen sehr merklichen Einfluß auf die Schanzen und die Haltung des Feindes ausübten, fand in der Nacht zum 2. die Armirung der Batterien statt. Von diesem Zeitpunkte an erwies sich die permanente Besetzung der ersten Parallele durch stärkere Truppenabtheilungen als dringend erforderlich, denn es trat nunmehr die Nothwendigkeit ein, einem feindlichen Ausfalle schon an der ersten Parallele so lange Halt zu gebieten, bis eine hinreichende Truppenmasse herbeigekommen war, um ihn in seine Schanzen zurückzuwerfen. Konnte man dies nicht und ließ man den Feind in unsere Batterien eindringen, so vernagelte er die Geschütze und richtete eine derartige Zerstörung dort an, daß man lange Zeit gebraucht haben würde, um den Schaden wieder gut zu machen. Ueberhaupt steigerte sich von nun ab die Gefahr eines Ausfalles in dem Maße, als man sich den Schanzen näherte und dort mehr und mehr Material exponirte. Es ward deshalb angeordnet, daß von nun an täglich eine Trancheewache von drei Bataillonen aufzuziehen und unter Befehl eines Regiments-Commandeurs in den Laufgräben und hinter dem Spitzberge zu bivouaquiren habe. Dort war von den Pionieren eine Art Barracke in die Erde hineingebaut worden, in der ein Theil der Mannschaften Unterkommen und Schutz gegen das Wetter fand.

Die erbauten acht Batterien armirte man mit folgenden Geschützen und wies ihnen die Zielobjecte in nachstehender Weise an:

1) Batterie Nr. VI mit vier 7 ℔ igen Haubitzen der 1. Haubitz-Batterie gegen Schanze Nr. 1.
2) Batterie Nr. VII mit sechs glatten 12 ℔ ern der 2. 12 ℔ er Batterie gegen Schanze Nr. 2.

3) Batterie Nr. VIII mit vier 7℔igen Haubitzen der 1. Haubitz=
Batterie gegen Schanze Nr. 3.
4) Batterie Nr. IX mit sechs glatten 12℔ern der 4. 12℔igen Bat=
terie gegen Schanze Nr. 4.
5) Batterie Nr. X mit vier 7℔igen Haubitzen der 2. Haubitz=Bat=
terie gegen Schanze Nr. 5.
6) Batterie Nr. XI mit sechs glatten 12℔ern der 3. 12℔igen Bat=
terie gegen Schanze Nr. 6.
7) Batterie Nr. XII mit vier 7℔igen Haubitzen der 2. Haubitz=
Batterie ebenfalls gegen Schanze Nr. 6.
8) Batterie Nr. XIII mit sechs gezogenen 6℔ern gegen das Terrain
zwischen den Schanzen 8 und 9 und namentlich zur Beunru=
higung eines dort befindlichen Barackenlagers.

Diese vierzig Geschütze traten nun unter die Befehle des Major Dietrich der Brandenburgischen Artillerie=Brigade; sie waren als Wurf=Batterien eingerichtet und bestimmt, die Schanzen im hohen Bogen zu bewerfen, erhielten also sämmtlich erhöhte Scharten.

Aus den Enfilirbatterien auf Gammelmark, welche gemeinschaftlich mit der Batterie Nr. V unter den Major Hendewerk gestellt waren, hatte man einen Theil der Geschütze zurückgezogen, um sie zur Beherr=schung der See bei Ballegaard verwenden zu können. Es waren dort nur zurückgeblieben: in der Batterie I und der Feldzeugmeister=Batterie je zwei 24℔er, in den Batterien III und IV je zwei gezogene 12℔er. Die Batterie V wurde am 29. Abends von neuem und zwar mit zwei 12℔ern der Batterie III und mit zweien der Batterie bei Alnoer ar=mirt; diese Geschütze blieben indeß bis zum 2. April zurückgezogen hinter der Brustwehr stehen.

Somit standen nunmehr bereit, das Feuer gegen die feindliche Stellung zu beginnen:

   4 gezogene 24℔er,
   8 =   12℔er,
   6 =   6℔er,
 18 glatte 12℔er,
 16 7℔ige Haubitzen.

18 gezogene, 34 glatte Geschütze.

Zusammen: 52 Geschütze.

Durch dies Arrangement waren für die Unternehmung nach Alsen disponibel gemacht worden:

   8 gezogene 24 ℔er,
   12   „ 12 ℔er,
   30   „ 6 ℔er
   8   „ 4 ℔er,
   6 glatte 12 ℔er,
   8 7 ℔ige Haubitzen.
   58 gezogene, 14 glatte Geschütze.
   Zusammen: 72 Geschütze.

Außerdem standen noch zur Disposition:
4 gezogene 12 ℔er in der Batterie von Alnoer,
16 25 ℔ige Mörser im Park bei Nübelfeld,
20 glatte 12 ℔er der fünf reitenden Batterien in Cantonnirungen hinter der Mitte der Aufstellung des Corps.
   4 gezogene, 36 glatte Geschütze.
   Zusammen: 40 Geschütze.

Die gesammte Artillerie-Kraft im Sundewitt bestand sonach aus 164 Geschützen.

Die Infanterie erhielt für das Vorhaben der nächsten Tage folgende Eintheilung:

In der Frontlinie, den Schanzen gegenüber, blieben stehen:
   9 Bataillone der Garde-Division,
   6 Bataillone der Brigade Schmid,

Summa: 15 Bataillone, unter Befehl des General-Lieutenants von Winzingerode. Diese Truppen sollten die Vorposten und die Trancheewache besetzt behalten und die Beobachtung der Küsten des Broacker zum Schutz der dortigen Batterien übernehmen. Der General-Lieutenant v. Winzingerode erhielt vom commandirenden General eine besondere Instruction für sein Verhalten während eines Ueberganges bei Ballegaard. Der Rest der Infanterie, die Brigaden Raven, Canstein, Röder und Göben — 26 Bataillone — denen sich eine Escadron Husaren, eine Escadron Ulanen, vier gezogene und zwei glatte Batterien und die fahrenden Abtheilungen zweier Divisions-Lazarethe an=

schließen sollten, waren bestimmt, unter Führung des commandirenden Generals den Uebergang über die Alsener Föhrde auszuführen.

Bevor wir die Einleitungen zu diesem Unternehmen und die Ursachen betrachten, welche hemmend und hindernd auf dessen Ausführung einwirkten, müssen wir unsere Aufmerksamkeit vorher auf einen Augenblick nach den Düppeler Schanzen und Sonderburg richten, gegen welche Objecte am 2. Nachmittags ein heftiges Bombardement stattfand. Obgleich sämmtliche Geschütze in den Batterien bereits in den Morgenstunden schußfertig waren, wurde doch der Beginn der Beschießung noch um einige Stunden hinausgeschoben, bis man es im Hauptquartier fest bestimmen konnte, daß die Ausführung des Ueberganges am 3. April in früher Morgenstunde stattfinden solle, da die Beschießung eben den Zweck hatte, die Aufmerksamkeit des Feindes von dem entscheidenden Punkte ab und nach Düppel und Sonderburg hin zu lenken. Wegen des seit einigen Tagen wehenden heftigen Westwindes war der Uebergang schon vom 2. April auf den 3. verschoben worden, die Pontonnier-Hauptleute und der dem Hauptquartier attachirte Schiffs-Capitain Bartelsen — ein mit den Wind- und Wetterverhältnissen in jenen Gegenden als geborener Schleswiger sehr vertrauter Mann — erklärten, daß die Ausführung bei einer so bewegten See doch immer ernsten Bedenklichkeiten unterliege und sie für ein Gelingen, von technischer Seite, nicht einstehen könnten. Obgleich es nun am zweiten früh immer noch ziemlich stark wehte, so hielt man es doch nicht für rathsam, einen nochmaligen Aufschub eintreten zu lassen, da es dann ganz unmöglich schien, die Unternehmung noch länger einigermaßen geheim zu halten und den Dänen die Kenntniß davon abzuschneiden. Es wurde also jetzt die Ausführung auf den 3. April befohlen.

Am 2. April Morgens richteten die Dänen an den commandirenden General durch einen Parlementair das Gesuch, einen dreistündigen Waffenstillstand zu bewilligen, angeblich, weil einige Todte, vom 28. März her, noch vor ihrer Vorpostenlinie liegen sollten, die sie zur Erde bestatten wollten. Dieser wurde ihnen bis Nachmittags um 2 Uhr zugestanden, nach Ablauf dieser Zeit aber mit der Beschießung begonnen. Bis um 5 Uhr feuerten die Geschütze langsam, wenn auch ununterbrochen, dann bis zum Dunkelwerden mit möglichster Heftigkeit, die Nacht über mit mäßiger Stärke. Den schweren gezogenen Batterien bezeichnete man als Richtungspunkte im Allgemeinen die

Schanzen 1 bis 6, von 5 Uhr ab sollte die Batterie I sich indessen gegen Sonderburg wenden und dies in Brand schießen, in der Absicht, die Besatzung der Schanzen für ihren Rückzug durch dies, vollständig zu einer Festung umgewandelte, Städtchen besorgt zu machen und die Aufmerksamkeit des Feindes hier zu fesseln.

Die Schanzen beantworteten das Bombardement sämmtlich mit einem, bei seinem Beginnen sehr kräftigen Feuer, woran sich auch gezogenes Feldgeschütz, welches unter anderen auch in das Emplacement zwischen den Schanzen 8 und 9 einfuhr, und einige Batterien auf Alsen betheiligten. Besonders lebhaft wurde die Batterie XIII mit Granaten und Shrapnells beschossen; sie mußte sich gegen mindestens 14 feindliche, großentheils gezogene Geschütze wehren. Der linke feindliche Flügel, durch unser Feuer am entschiedensten und zwar umfassend angegriffen, litt am meisten; die vorzugsweise exponirte Schanze Nr. 1 — die Batterie V feuerte ausschließlich darauf — zog schon nach kurzer Zeit ihre Geschütze hinter die Brustwehr zurück und stellte das Feuer ein. In dem Raume hinter den Schanzen geriethen bald einige, bis jetzt noch unversehrt gebliebene Gehöfte und Barracken in Brand. Gegen Sonderburg that die Batterie Nr. I 101 Schuß und zwar auf eine Entfernung von 5700 Schritt; davon flogen 92 Granaten in die Stadt, zerstörten eine Anzahl Häuser, beschädigten das massive Schloß und erzeugten um 7 Uhr Abends einen Brand, welcher indessen nach einiger Zeit wieder gelöscht wurde. Der Verlust der Dänen an diesem Tage belief sich, nach später veröffentlichten Angaben, auf etwa 100 Todte und Verwundete. Wir dagegen verloren nur einen Mann todt, zwei Offiziere und eilf Mann verwundet, ein Paar Geschütze erlitten zwar leichte Beschädigungen, blieben aber sämmtlich schußfähig. Diese Kanonade war entschieden die bisher bedeutendste in diesem Feldzuge; der Donner von über 150 Geschützen steigerte sich nach 5 Uhr zu einem ununterbrochenen Rollen, aus dem man die einzelnen Schüsse kaum noch zu unterscheiden vermochte. Da fast ausschließlich mit Granaten oder Shrapnells gefeuert wurde, so verursachten die platzenden Geschosse bei jedem Schuß noch einen zweiten Knall, der sich an Stärke von dem ersten nicht unterscheiden ließ; dies vermehrte natürlich das Getöse der Kanonade noch wesentlich. Die vielen aufgehenden Feuer, deren Rauch hoch zum Himmel emporstieg und sich mit dem Pulverdampf mischte, der blutroth erleuchtete nächtliche Himmel und dazwischen die zuckenden Blitze des fort und fort arbeitenden Geschützes, malten das Bild des Krieges und der Zerstörung in den lebendigsten Farben. Dies Bild sollte nun den Vorhang bilden zu einer anderen Unternehmung, die sich in aller Stille vorbereitete und dem Auge des Feindes verborgen blieb. Er allarmirte seine rückwärts auf der Insel stehenden Reserven und rief sie durch weithin leuchtende Brand-Fanale in die Nähe von Sonderburg, während man an den nördlichen Gestaden von Alsen kein Zeichen seiner Aufmerksamkeit wahrnehmen konnte.

In dem Artilleriepark bei Nübelfeld standen bereits seit zwei Tagen zwanzig schwere gezogene Geschütze zum Abmarsch bereit, die Pferde der Munitionscolonnen sollten sie an den Ort ihrer Bestimmung führen. Auf etwa 300 Bauerwagen war die Munition für dieselben und das Baumaterial zu den Batterien für fünfzig Geschütze verladen worden und um 4 Uhr Nachmittags setzte sich diese Colonne, der sich noch zwei 6 ℔ige Batterien vom Broacker her anschlossen, auf dem Wege über Auenbüll, Ulderup und Blans nach Ballegaard in Bewegung. Da diese Strecke von den Schanzen mit Fernröhren eingesehen werden kann, es aber keinen zweiten Weg gab, der in nasser Jahreszeit für den Transport so schwerer Fahrzeuge geeignet gewesen wäre, so gebrauchte man die Vorsicht, Stroh auf die Geschütze und Wagen zu legen, um dem Feinde nicht von dem Zuge solcher Geschützmassen in der Richtung auf Ballegaard Kenntniß zu geben. Die Straße von Nübelfeld bis Blans wurde von Mittags an durch Cavallerie-Abtheilungen für jeden Wagenverkehr abgesperrt, um bei den schmalen Wegen ein Verfahren derselben zu vermeiden.

Bis nach Blans hinein folgte die Colonne der chaussirten Straße und theilte sich sodann, um auf sorgfältig recognoscirten und theilweise erst hergestellten Colonnenwegen bis hinter die Punkte zu gelangen, welche für die Aufstellung der Batterien bereits am 23. März recognoscirt und bezeichnet waren.

Von den drei durch Generalstabs-Offiziere und Ingenieure ausgewählten Uebergangspunkten lag der östlichste an der Landungsbrücke von Ballegaard, die beiden anderen in Entfernungen von 5 — 600 Schritt weiter westlich, so daß der Uebergang in einer Breite von 1000—1200 Schritt stattfinden konnte. Zur Deckung dieser drei Punkte wurde östlich und westlich derselben eine schwere Batterie von je vier gezogenen

24☧ern und sechs gezogenen 12☧ern erbaut, die 24☧er der Ueber=
gangsstelle zunächst, dann die 12☧er. Die östliche Batterie lag in der
Nähe der Windmühle von Ballegaard nach Schnabeckhage zu, die west=
liche erreichte mit ihrem linken Flügelgeschütz fast das Wäldchen beim
Lachsfange. Rechts und links dieser beiden Batterien und zwischen
denselben waren die Plätze für die noch zur Disposition stehenden fünf
6☧igen Batterien ausgewählt, und zwar westlich des Lachsfanges, auf
einer dort befindlichen Höhe, die 3. 6☧ige Garde=Batterie, so daß sie
die in der Stegwig=Bucht liegenden Schiffe beschießen konnte, ferner
rechts im Anschluß an die gezogenen 12☧er des linken Flügels, die
1. 6☧ige Batterie der Brandenburgischen Artillerie=Brigade, sodann
in der Mitte der ganzen Linie, unmittelbar beim östlichen Uebergangs=
punkte und bei dem Gehöft von Ballegaard, da wo bereits seit Mitte
Februar eine gezogene Batterie gestanden hatte, die 2. 6☧ige Bat=
terie, und endlich auf dem äußersten rechten Flügel, östlich des Wester=
holzes an einer Stelle, wo der Strand nach Schnabeckhage zu eine
flache Einbiegung bildet, die 3. und 4. 6☧ige Batterie. Die ganze
7000 Schritt lange Küste vom Lachsfange bis zum Westerholze war
somit durch fünfzig Stück in Batterie stehender, gezogener Geschütze be=
setzt, welche durch ihre Stellung auf einem 30—50 Fuß hohen, steil
zum Meere hin abfallenden Uferrande gegen das Feuer der Schiffe einen
ausreichenden Schutz besaßen. Diese mußten den schmalen Streifen
treffen, den die Linie der allein sichtbaren Geschützmündungen bildete;
für ein schwankendes Schiff eine schwer zu lösende Aufgabe. Ueberdies
stand hier eine so formidable Artilleriekraft vereinigt, daß mit Bestimmt=
heit anzunehmen war, kein Schiff — auch der Rolf=Krake nicht auf
längere Zeit — werde sich in dies Feuer hineinbegeben.

Der Bau der neun Batterien begann mit dem Einbruch der Dun=
kelheit und wurde während der Nacht, trotz der vielen und colossalen
Schwierigkeiten, die sich der Arbeit entgegenstellten, mit Aufbietung aller
Kraft und mit höchster Anstrengung gefördert. Das mit Unterbrechungen
schon längere Zeit anhaltende Regenwetter, welches in dieser Nacht, gepaart
mit einem Schneesturm, wieder einfiel, hatte das Erdreich so durchzogen
und den Lettenboden so aufgeweicht, daß er an den Spaten hängen blieb
und von dort mit den Händen und mit Schippen entfernt werden mußte.
Die Einführung der Geschütze in die Batterien hatte auf den letz=
ten Entfernungen fast überall auf ungebahnten, erst jetzt für den Trans=

port hergestellten Wegen geschehen müssen und es konnte nicht fehlen, daß einige Geschütze von den Knüppel- und Faschinendämmen hinabglitten und erst mit unsäglicher Mühe und Anstrengung wieder heraus zu heben waren. Trotz aller dieser ungewöhnlichen Schwierigkeiten, die durch das tobende Wetter noch eine bedeutende Steigerung erlitten, kam die Artillerie damit zu Stande, bis gegen 6 Uhr Morgens die westlichen Batterien, und eine Stunde später auch die östlichen schutz- und gefechtsfähig herzustellen. Mit Stolz durfte diese Waffe auf eine solche Leistung blicken, die gewiß ein redendes Zeugniß ablegt für ihre Hingebung und für das practische Verständniß, mit dem sie an diese Riesenarbeit ging und sie bewältigte. Daß es in dieser Position nicht zum Kampfe kam und das ganze Unternehmen aufgegeben werden mußte, kann das, was in dieser Nacht durch die Artillerie geleistet worden ist, nicht abschwächen.

Eine andere Waffe, die ihre außerordentliche Brauchbarkeit durch die Art, wie sie die Vorbereitungen zum Uebergange ausführte, bewährt hat, ist die der Pontonniere. Bereits am Morgen des 2. April hob man die Brücke bei Eckensund auf und zwei Stunden später standen zum Abmarsch bereit: beide Pontoncolonnen, der Avantgarden-Brückentrain, ferner acht bei Schleswig erbeutete große dänische Pontons und endlich eine Anzahl Wagen mit dem Material beladen, dessen man für die Uferrampen und sonst bedurfte. In Eckensund war die Fähre wieder in Stand gesetzt worden und blieb, bedient von einem kleinen Pionier-Detachement, als einziges Communicationsmittel über den Sund bestehen.

Auf dem Nübelnoer hatte der Hauptmann Adler schon seit einigen Tagen sämmtliche brauchbaren Boote — 27 an der Zahl — bei der Nübel-Wassermühle, unfern des Artillerie-Parks, zusammengebracht und mit einer Anzahl Ruder und anderem erforderlichen Material auf Wagen verladen. Diese Colonne sollte sich im Marsche an die von Alnoer kommende Ponton-Colonne unter Hauptmann Schütze anschließen.

Nachdem die Artillerie die Straße über Ulderup frei gemacht hatte, und die Geschütze und Wagen in Blans von den Wegen herunter gebogen waren, traf hier, etwa um Mitternacht, die lange Colonne der Pontons und Boote ein und theilte sich in drei Theile. Der größere Theil der Preußischen Pontons auf 42 Hackets und acht Dänische Pontons, unter Commando des Hauptmann Schütze, machte Halt, als die Tete bei der Windmühle von Ballegaard eingetroffen war; sie hatte die Bestimmung, um 3 Uhr früh nach der Landungsbrücke hinab zu fahren, dort abzuladen und sofort den Bau der Maschinen zu beginnen, auf welche die Geschütze und Pferde eingeladen werden sollten. An Mannschaften konnten mit diesen Mitteln 810 Mann auf einmal übergesetzt werden.

Ein anderer Theil der Pontons auf 22 Hackets, unter Führung des Premier-Lieutenants Thelemann, bog in Blans links aus und folgte einem theilweise erst hergestellten Wege nach der mittleren Uebersetzstelle, wo er einstweilen verdeckt stehen blieb. Auf diesem Punkte hatten die Pontons vorzugsweise nur Infanterie aufzunehmen, zum Einsteigen derselben, wenn die Leute nicht bis an den Leib in das Wasser gehen sollten, war hier eine Art von Steg, roh aus großen Steinen gebildet, zu benutzen. Die aus den Pontons herzustellenden gewöhnlichen Uebersetzmaschinen konnten 350 Mann aufnehmen.

Dem westlichen Punkte hatte sich der Hauptmann Adler zugewandt, und traf dort mit der Oesterreichischen Brückenequipage zusammen, welche unter Führung des Hauptmanns v. Kegeln, begleitet von 1¼ Pionier-Compagnie, aus ihren Quartieren in Warnitz und Feldstedt hierher marschirt war. Auch an dieser Stelle sollte nur Infanterie verladen werden, und hatte man dazu folgendes Uebersetzmaterial disponibel: vier Halbpontons des leichten Brückentrains, 27 Kielboote vom Nübel-Noer und 36 Pontons der Oesterreichischen Equipagen, aus denen man sechs große Maschinen zusammenzusetzen beabsichtigte. Hierauf konnten 610 Mann auf einmal verladen werden, so daß die ganze Summe der mit dem ersten Traject hinüber zu führenden Mannschaft 1770 Mann betrug; wenn man zwei Geschütze und einige Pferde mit dem ersten Echelon hinüber nahm, wie dies beabsichtigt war, etwa 50—60 Mann weniger.

Trotz der finsteren Nacht und des fürchterlichen Wetters hatten alle drei Colonnen die für sie ausgewählten Punkte bis um 3 Uhr früh glücklich erreicht und harrten der Befehle, um mit dem Einbringen der Pontons und Boote in das Meer zu beginnen. Es verdient hervorgehoben zu werden, daß früh um 3 Uhr ein jedes Fahrzeug und ein jeder Mann auf die für sie bestimmten Stellen eingetroffen waren, was, bei dem mit Wegen und Hecken außerordentlich durchschnittenen Terrain, wo ein

Weg dem andern vollständig gleicht, als nichts Geringes bezeichnet werden muß und für die gute Anordnung und Ausführung der ganzen Unternehmung spricht.

Seit dem Morgen des 2. April waren sämmtliche Ruderer von der Infanterie, deren man etwa 700 Mann ermittelt hatte, nach Blans dirigirt und in der Nähe des Schulhauses untergebracht worden. Man hatte die Mannschaft eingetheilt und sie den Führern der drei Uebersetz=colonnen zugewiesen. Von Apenrade aus langten auch noch mehrere Wagen mit 700 Stück Reserve=Rudern an, deren man dringend bedurfte, man hatte sie dort requirirt unter dem Vorwande, den Dänisch gesinnten Fischern und Schiffern in dieser Stadt das Hinausfahren in die See unmöglich zu machen und verband damit den zweiten Zweck, den Dänen die Communication mit Apenrade abzuschneiden, welche sie von der nahe gelegenen Insel Barsoe aus unterhielten.

Mit dem Uebersetzen des ersten Echelons wollte man um 4 Uhr beginnen, in der Absicht, bei Tageslicht die jenseitige Küste zu betreten und unserer Artillerie, von der doch mindestens eine 6ßer Batterie, wahrscheinlich aber schon mehr Geschütze zu dieser Zeit schußbereit sein mußten, eine Mitwirkung zu ermöglichen. Als nächstes Object, in dessen Nähe man oberhalb und unterhalb landen wollte, war das Fähr=haus von Hardeshoi bezeichnet; von dort aus sollten dann möglichst bald die Defileen von Mels, Braballig und Brandsbüll in Besitz ge=nommen, und hierdurch eine feste Basis für ein weiteres Vorrücken auf der Insel gewonnen werden. Diese Aufgabe fiel der Brigade Göben zu, der das Westphälische Jäger=Bataillon, welches bisher zur Strandbewachung an der Föhrde verwandt und mit dem jenseitigen Ufer durch seine Beobachtungen einigermaßen bekannt war, ferner die 4ßige Garde=Batterie, ein Detachement Zieten=Husaren und ein Detache=ment Pioniere zugetheilt wurden. Mit dreimaligem Uebersetzen beab=sichtigte man die Brigade nach Alsen zu schaffen.

Der Feind verfügte auf dem nördlichen Alsen aber über zwei Dinge, deren Benutzung man ihm zu entziehen bestrebt sein mußte, wenn man der Ueberraschung Nachdruck geben wollte: die Fanallinie und den electrischen Telegraphen. Beide Mittel, durch welche das Ereig=niß einer Landung auf der Insel mit Blitzesschnelle in das Dänische Hauptquartier nach Ulkebüll signalisirt werden konnte, außer Action zu setzen, erbot sich der Lieutenant Kerlen des 53. Regiments, der mit einigen entschlossenen Leuten eine Stunde vor dem ersten Echelon hinübersetzen, die Wache am Fanal aufheben und den Telegraphendraht durchschneiden wollte. Dieses Erbieten zu einer so gewagten aber schönen Unternehmung wurde angenommen, in Erwägung des großen Nutzens, den ihre glückliche Ausführung bringen mußte, und dem Schiffs-Capitain Bartelsen gestattet, sich diesem Offizier, mit noch fünf Mann anzuschließen. Ein Boot lag beim Blaukruge bereit, das kühne Häuflein aufzunehmen.

Der Brigade Göben sollte beim Uebersetzen die Brigade Röder mit der 1. 12ßer Batterie und dem Rest der Husaren-Escadron, dann die Brigade Raven mit der 2. 6ßer Batterie und einer halben Escadron Ulanen und endlich die Brigade Canstein mit der 3. 6ßigen, 3. Haubitz- und zuletzt der 1. 6ßigen Batterie Brandenburgischer Artillerie-Brigade nebst der anderen Hälfte der Ulanen-Escadron folgen. Die fahrenden Abtheilungen der beiden Divisionslazarethe hatten sich auf die verschiedenen Echelons, nach dem sich herausstellenden Bedürfniß, zu vertheilen, ebenso die Stäbe des General-Commandos und der 6. Division, welche sich auf ein Minimum von Pferden zu beschränken hatten.

In Bezug auf die Verpflegung der übergehenden Truppen, wies man diese zunächst auf die eisernen Portionen an, doch füllte man zu Blans seit einigen Tagen ein Magazin, um aus demselben die weitere Verpflegung nach der Insel hinüber zu schaffen. Die Feld-Telegraphen-Abtheilung hatte bereits vor einiger Zeit die Anweisung erhalten, Vorkehrungen zu treffen, um die Drahtleitung auf eine Entfernung von mehr als einer Viertel Meile durch das Meer ziehen zu können, und war ihr ein zu diesem Zweck geeignetes Kabel übersandt worden, welches jetzt in Ballegaard bei der dort eingerichteten Telegraphenstation niedergelegt wurde.

Früh um 3 Uhr stand die Brigade Göben mit drei Bataillonen, vier Geschützen und einigen Husaren, als erstes Echelon an den drei Uebergangsstellen bereit, die Schiffsgefäße zu besteigen, der Rest ruhte in der Nähe auf geeigneten Punkten. Die übrigen Brigaden verblieben noch in ihren 1—2¼ Meile entfernten Quartieren und hielten sich bereit, zu bestimmten Zeiten, etwa mit Zwischenräumen von zwei Stunden, bei Blans einzutreffen. Hierdurch behielt man die Freiheit, diese Truppen möglicherweise gegen die Front der Düppelstellung zu gebrauchen, bevor die Reihe des Uebergehens an sie kam.

So waren alle Verhältnisse geordnet und geregelt, um dem Unternehmen möglichst viel Chancen des Gelingens zuzuwenden; die Haupt-Chance suchte man vorzugsweise in der Geheimhaltung des Planes, sowie in dem Ungewöhnlichen und Kühnen eines solchen Ueberganges, der wohl in der Geschichte kein Beispiel aufzuweisen hat. Der Feind schien auf den Empfang einer Landung bei Hardeshoi nicht nur völlig unvorbereitet, er war es auch in der That und konnte derselben ein Hinderniß von irgend welcher Wirksamkeit nicht entgegenstellen; er hielt sie eben für völlig unmöglich.

Ein Hinderniß aber, das bald die Nothwendigkeit zeigte den Uebergang aufzugeben, wurde durch höhere Hand bereitet. Ein heftiger Westwind, während des Nachmittags, hatte das Wetter schon recht unfreundlich gestaltet, nach dem Sinken der Sonne wurde es aber geradezu schlecht und ein immer heftiger tobender Wind peitschte den marschirenden Truppen und arbeitenden Artilleristen einen Schneesturm ins Angesicht. Der Capitain Bartelsen war jedoch noch immer der Meinung, der Wind werde zu Mitternacht umsetzen und sich gegen Morgen legen. Die Mitternachtsstunde kam, mit ihr aber eine Verschlimmerung des Wetters, der Wind ging nach Nordwest herum und wehte nun gerade in die Föhrde hinein, wo er eine See und einen Wogengang erzeugte, wie er in diesen Gewässern nur selten vorkommen soll. An der Küste entstand eine vollständige Brandung. Die Pontonnier-Hauptleute und der Capitain Bartelsen, sowie der Preußische Corvetten-Capitain Henck, der seit einigen Tagen hier anwesend war, erklärten es um 3 Uhr für vollständig unausführbar, auch nur ein Ponton in das Wasser zu bringen, die Wellen müßten es sofort füllen und zum Sinken bringen und wenn sich eins oder das andere auf dem Wasser halten könne, so stehe es außer unserer Macht, den Landungspunkt zu bestimmen, da das Abtreiben der Maschinen und Pontons, möglicherweise bis in die Augustenburger Föhrde hinein, ganz unvermeidlich sei.

So sah man denn die unabwendliche Nothwendigkeit vor sich, ein Unternehmen aufgeben zu müssen, welches bei allen Schwierigkeiten und Gefahren, die es in sich tragen mochte, doch, im Falle des Gelingens, ein riesengroßes Ergebniß haben mußte. So schwer der Entschluß, diesem zu entsagen auch sein mochte, er mußte dennoch und zwar schnell gefaßt werden.

Wenn nun auch anfangs von dem eingeleiteten Vorhaben nicht vollständig abgestanden, wenn zunächst befohlen wurde, die Geschütze in den Batterien zu belassen, die Pontons so weit an die Seite zu schaffen, daß sie von Alsen aus nicht gesehen werden könnten, und die Truppen in ihre Quartiere zurückzuführen, und man sich hierdurch die Möglichkeit offen hielt, am nächsten oder einem der folgenden Tage den Uebergang dennoch auszuführen, so fühlte man doch, daß dies nun ein mißliches Ding sein würde. Als ein Hauptmoment des Gelingens mußte immer die Ueberraschung des Feindes angesehen werden und hierauf hatte man jetzt gänzlich zu verzichten. War es bis hierher gelungen, das Unternehmen einigermaßen mit dem Mantel des Geheimnisses zu bedecken, so konnte man fernerhin nicht mehr auf die Bewahrung desselben rechnen, da durch Aufstellung der fünfzig Geschütze und Anhäufung der Pontons an der Küste die Absicht ganz offenkundig geworden sein mußte und den Dänen nicht länger verborgen bleiben konnte. Sie hatten nun alle Zeit, ihre Truppen bei Mels und Braballig zu verstärken, Artillerie und Flottenabtheilung zu vermehren und allerhand Anstalten zu unserm Empfang zu treffen, was sie auch, nach einer Meldung, die am 5. einlief, ausgeführt haben. In der That war dies auch der Grund, weshalb man in einigen Tagen ganz von der Ausführung eines Ueberschreitens der Alsener Föhrde abstand, zumal auch das anhaltend ungünstige Wetter in der allernächsten Zeit demselben fortdauernd ernste Hindernisse in den Weg legte.

Der commandirende General, der vor allem bestrebt war, den langwierigen und vielleicht opfervollen Weg einer förmlichen Belagerung zu vermeiden, so lange sich noch irgend ein Mittel darbot, auf eine andere Art zum Ziele zu gelangen, wandte seine Aufmerksamkeit noch einmal dem Alsen-Sunde zu, besichtigte selbst die Küste von Schnabeckhage bis Lillemölle und ließ dies Terrain einer nochmaligen gründlichen Recognoscirung unterwerfen, um die Frage zu prüfen, ob sich hier ein Uebergehen mit Aussicht auf Erfolg ausführen lasse. Es ergab sich indessen, daß die Dänen seit einigen Tagen die Vertheidigungsmittel auf ihrer Küste bedeutend vermehrt hatten, man erkannte von Arnkielsoere bis gegenüber Lillemölle acht Schanzen und in den meisten derselben Scharten eingeschnitten. Diese Werke, theils Batterien, theils wie es schien geschlossene Schanzen, waren durch Schützengräben mit einander verbunden, oder diese Verbindungen doch im Entstehen begriffen, überhaupt der Feind mit großem Eifer an der Vervollständigung seiner dortigen Befestigung beschäftigt, wodurch er die Absicht kund gab, diese Küste nachdrücklich vertheidigen zu wollen. Daß ihm in damaliger Zeit die Truppen hierzu nicht fehlten, war bekannt. Es traten somit zu den, weiter oben schon dargelegten, sehr nachtheiligen strategischen Verhältnissen, welche einem Uebergange über den Sund entgegen waren, nun noch diese tactischen Schwierigkeiten hinzu, welche das Unternehmen eben so wenig als jene rathsam erscheinen ließen. Es wurde deshalb der Entschluß gefaßt, einen Uebergang über das Meer vor der Hand ganz aufzugeben und den Weg der Belagerung und zwar mit aller Kraft zu beschreiten. Nur als eine secundaire Unternehmung, welche zur Unterstützung eines Angriffs in der Front ausgeführt werden könne, sobald man über eine größere Zahl Belagerungsgeschütze verfügte, wollte man den Plan einer Forcirung des Sundes nunmehr ansehen. Ein Nachschub an schweren Geschützen war verheißen.

Es mag hier die Einwendung gerechtfertigt sein, weshalb zu Anfang April ein Unternehmen nicht ausführbar erscheinen konnte, welches am 29. Juni so glänzend in Scene gesetzt wurde. Als Antwort auf diese Frage darf wohl die Hinweisung auf die sehr verschiedenen Stärkeverhältnisse der Dänischen Streitkräfte genügen, welche zu beiden Zeitepochen zur Vertheidigung der Insel aufgestellt waren und die Anfangs April auf 31—33 Bataillone berechnet werden können, während sie Ende Juni nur zwölf Bataillone zählten, mithin im April ein Mehr von 19—21 Bataillonen. Ferner ist die von einander sehr verschiedene Kriegslage hier anzuführen. Im April befanden sich Düppel und Fribericia noch nicht in unsern Händen und dem Feinde war die Herrschaft über Jütland noch nicht entzogen, somit wurde die Aufmerksamkeit und Thätigkeit der verbündeten Armee nach verschiedenen Richtungen hin in Anspruch genommen, während nach Ablauf des Waffenstillstandes das einzige Object des Krieges die Eroberung einer der großen Inseln blieb, welche noch in Feindes Hand waren. Hierauf konnten sich zu dieser Zeit alle Bestrebungen und alle Kräfte allein richten und das Ueberschreiten der Meerenge war in der Waffenruhe in ganz anderer Weise und mit einem anderen Nachdruck vorzubereiten, als dies im April geschehen konnte, wo alle Verhältnisse zu einer beschleunigten Ausführung drängten. Wir werden uns bei Gelegenheit der Eroberung der Insel Alsen mit der Ausführung des Ueberganges noch im Detail zu beschäftigen haben und wird dadurch die Verschiedenheit der damaligen Verhältnisse mit denen des April noch klarer hervortreten.

Jetzt müssen wir unsere Aufmerksamkeit von den Gestaden der Alsener Föhrde abwenden und sie wieder auf die Batterien richten, welche die Beschießung der Düppeler Schanzen fortsetzten.

Während des 3. April blieben die Geschütze in den Frontalbatterien und auf Gammelmark in voller Thätigkeit. Durch das Feuer der Batterie Nr. I ging früh um 8 Uhr Sonderburg an mehreren Stellen in Flammen auf und der Brand setzte sich, trotz der sichtlich angestellten Löschversuche derart fort, daß das Feuer bis zum Abend bereits einige zwanzig Gebäude und das Rathhaus in Asche gelegt hatte. Da ein Niederbrennen dieses Ortes nun aber keinen bestimmten Zweck mehr hatte, so stellte man das Feuer dagegen vor der Hand wieder ein.

An den Schanzen I bis III war die Wirkung des Feuers bemerkbarer als bisher: die Brustwehren zeigten sich bald mehr und mehr abgekämmt, die dadurch sichtbarer hervortretenden Blockhäuser wiederholt getroffen, auch einige Geschütze demontirt.

Am 4. April übertrug der commandirende General dem Obersten Colomier die freie Verfügung über sämmtliche Geschütze, um sie nun für die Belagerung zu verwenden, und gleichzeitig verhieß der Oberst Hurrelbrink des Kriegs=Ministeriums, der sich seit etwa acht Tagen im Hauptquartier zu Gravenstein befand und den Auftrag hatte, von den weiteren Bedürfnissen der Artillerie genaue Kenntniß zu nehmen, eine Verstärkung der schweren Geschütze durch acht gezogene 24ller und sechszehn gezogene 12ller, welche etwa am 9. oder 10. eintreffen sollten.

Während des 4. und 5. April hielt die Beschießung aus allen Batterien unausgesetzt an und auch die Artillerie in den Schanzen erwiederte das Feuer lebhaft, hatte aber mit ihren glatten Geschützen auf Entfernungen von 1400 Schritt und weiter, keinen Erfolg gegen unsere Batterien, die ihnen doch nur kleine Ziele boten; nur selten gelang es, sie zu treffen.

Während das Feuer bisher nur als ein Scheinangriff zu betrachten gewesen war, wurden nun die Dispositionen für den Beginn einer ernsteren Beschießung der feindlichen Front, das heißt für die Aufstellung der schweren Geschütze in den Batterien der ersten Parallele, getroffen und gelangten am 5. zur Feststellung, ebenso auch die weiteren Bestimmungen über das Fortschreiten des Angriffs mittelst der Sappe.

Der erste Ingenieuroffizier, Oberstlieutenant v. Kriegsheim war erkrankt und die Leitung der Ingenieurarbeiten am 5. April dem ersten Ingenieuroffizier beim Ober=Commando der alliirten Armee, Obersten v. Mertens übertragen worden, der sie, nach erhaltener Anweisung vom commandirenden General, jetzt für die nächsten Tage ordnete. Die Erbauung einer Halbparallele sollte danach auf Entfernung von 800 Schritt von den feindlichen Schanzen in der Nacht vom 7. zum 8. stattfinden, nachdem vom 7. früh an ein verstärktes Feuer mit schwerem Geschütz aus den Frontalbatterien diese Arbeit vorbereitet hatte. Jetzt erst nahm die eigentliche Belagerung ihren Anfang, während alles vorher in dieser Richtung Geschehene nur als Démonstration, als ein Scheinangriff angesehen werden muß.

Ehe wir ihren Verlauf bis zur Erstürmung der Stellung betrachten, müssen wir jedoch eines Partheigängerkrieges gedenken, der sich in der Gegend von Apenrade entspann und manche interessante Episode herbeiführte. Die Sicherung der Küstenstrecke nördlich von Apenrade bis nach Hadersleben war dem I. Corps übertragen worden, während sie weiter nördlich von den Oesterreichern geschützt werden sollte. Das Preußische, im Sundewitt nun ernstlich engagirte Corps konnte zur Zeit für diesen Zweck auch keinen Mann Infanterie entbehren und bestimmte daher nur eine Escadron Ulanen, unter Führung des Premier=Lieutenant v. Bülow, für diesen Dienst, während eine Dragoner=Escadron zur Besatzung nach Apenrade gelegt worden war.

Das Meer tritt auf der in Rede stehenden Entfernung an drei Punkten so weit in das Land hinein, daß von dort aus eine Beherrschung der Chaussee mit Artilleriefeuer möglich wird, und zwar bei Apenrade, bei Hadersleben und zwischen beiden Orten, beim Dorfe Gjenner durch die Bucht gleiches Namens, vor deren Eingange die kleine Insel Barsoe gelegen ist, die dem Dänischen Einflusse begreiflicherweise noch nicht hatte entzogen werden können. Diese Insel nun machten die Dänen zum Ausgangspunkt einer Reihe kleiner Unternehmungen, zu der sie eine Flottenabtheilung, bestehend aus einigen Dampfern und Transportschiffen, im Hafen von Assens auf der Insel Fünen vereinigt und eine Abtheilung Infanterie und Dragoner zur Disposition gestellt hatten, um damit kleinere und größere Landungen und Coups gegen unsere Operationslinie auszuführen.

Die Gjenner Bucht lag dem Feinde hierzu außerordentlich günstig; die kleine Insel Kaloö deckt den Hafen gleiches Namens, tief im Westen der Bucht, und ist durch eine Brücke mit dem Festlande verbunden; von dort aus ist ein Unternehmen gegen die Chaussee, auf der sich der ganze Nachschub für die im Norden stehenden Truppen vorbewegen mußte, leicht ausführbar und der Landungspunkt bleibt dabei stets gesichert.

Die verschiedenen Neckereien, die während der folgenden Wochen in dieser Gegend vorfielen, begannen mit einem beabsichtigten Ueberfall auf Apenrade, woselbst, wie die Dänen wußten, große Magazine angelegt und zwei Munitionscolonnen der Garde-Division eingerückt waren, die ganze Besatzung aber nur aus einer Escadron bestand. Am 5. Abends um 10 Uhr traf im Hauptquartier zu Gravenstein ein Telegramm vom Commandanten von Apenrade ein, worin er mittheilte, daß einer ganz sicheren Spionsnachricht zufolge, die Dänen beabsichtigten, die Stadt mit etwa 1500 Mann unter dem Major Magius durch eine Landung in der Nacht zum 6. zu überrumpeln. Er bat um Unterstützung durch Infanterie und meldete, daß er dieselbe Aufforderung an die nächstgelegenen Cantonnements zu Feldstedt und Schobüll gerichtet und die Munitionscolonnen einstweilen nach Hostrup in Sicherheit gebracht habe. Diese Nachricht gewann an Wahrscheinlichkeit durch den Umstand, daß bereits am Morgen dieses Tages ein kleines Geschwader in die Gjenner Bucht eingelaufen war, etwa 100 Mann auf der Insel Kaloö gelandet und mit diesen die dort stehenden Ulanenposten vertrieben hatte, um hierauf sämmtliche im Hafen liegenden Schiffe fortzuführen; am Bord der eingelaufenen Schiffe sollten sich über 1000 Mann Landungstruppen, darunter auch Cavallerie befunden haben. Die Wiederholung eines solchen Coups an einer anderen Stelle der Küste war — wenn man die Gewohnheiten der Dänen in den früheren Kriegen in Betracht zog — mehr als wahrscheinlich, und es schien nöthig, zum Schutz der Magazine von Apenrade etwas zu thun. Sofort erging an den in Ballegaard liegenden General-Major v. Röder der telegraphische Befehl, unverzüglich mit einigen in der Nähe cantonnirenden Bataillonen und der 4ten Garde-Batterie zum Schutze der militairischen Etablissements nach Apenrade zu marschiren, und gleichzeitig wurden zwei im Schlosse zu Gravenstein liegende Compagnien des Leib-Regiments auf Wagen des dortigen Fuhrenparks gesetzt und ebendahin dirigirt. Hierdurch gelang es, bis gegen Morgen des 6. April 3½ Bataillone, eine Escadron und acht gezogene Geschütze vor der Stadt zu vereinigen und hierdurch den Dänen, welchen ganz sicher von der schnellen Verstärkung der Vertheidigungskräfte durch irgend welche Signale Kenntniß gegeben war, die Lust zur Ausführung der Ueberrumpelung zu nehmen. Es verdient besonders einer rühmenden Erwähnung, daß der k. k. Oesterreichische Hauptmann v. Kegeln mit seinen 1¼ Pionier-Compagnien aus Feldstedt ebenfalls nach Apenrade geeilt war, wo sich dieser umsichtige Offizier dem General v. Röder zur Verfügung stellte. Nachdem es heller Tag geworden und man nichts vom Feinde auf der See entdeckt hatte, trat General-Major v. Röder den Rückmarsch in seine Quartiere an und ließ nur das 2. Bataillon 64. Regiments einstweilen als Besatzung in Apenrade stehen. Während der folgenden Tage und Nächte herrschte auf der See zwischen Fünen, Alsen und dem Festlande sehr viel Leben, Flottenabtheilungen verkehrten unausgesetzt mit den Inseln Barsoe und Aaroe und schienen Verbindungen mit der Küste zu unterhalten.

Die Ulanen-Escadron, welche eine Küstenlänge von 7 bis 8 Meilen bewachen mußte, hatte durch die fortdauernde Drohung einer Landung einen sehr anstrengenden Dienst, um so mehr, als das Terrain an verschiedenen Stellen der Küste so coupirt war, daß die Posten zu Pferde ihren Dienst nicht versehen konnten, sondern zu Fuß stehen und auch zu Fuß patrouilliren mußten.

Am 9. April früh 3½ Uhr landeten die Dänen gegenüber der Insel Aaroe, vermochten indessen nicht, der dort stehenden sehr wachsamen Ulanen-Abtheilung etwas anzuhaben und kehrten wieder an Bord zurück, nachdem sie in einem Wirthshause, dessen Besitzer ein Deutscher, große Verwüstungen angerichtet hatten. In der Nacht vom 10. zum 11. wiederholte sich das Unternehmen in der Gegend von Bröde, südlich der Gjenner Bucht; eine Abtheilung von 200—250 Mann schiffte sich dort aus und, es gelang ihr, unterstützt durch einige Landeseinwohner, unter Führung des schwedischen Premier-Lieutenants Baron Heinrich v. Raab, den Ort Kirkeby zu überfallen und einen Offizier, einen Sergeanten, einen Trompeter und drei Ulanen welche in einem Gehöft allein lagen, aufzuheben.

In der dritten Nacht darauf fand wiederum eine ähnliche Unternehmung durch eine Landung nördlich von Halkhoved statt. Um 5 Uhr früh besetzten 200 bis 300 Mann Buckholm, gingen von dort im Laufschritt gegen Halk vor und überraschten ein kleines Ulanen-Detachement, welches eben erst in das Dorf gerückt war, um hier, nach einem nächtlichen Bivouacq, unter Dach zu futtern. Dem Unteroffizier mit sechs Mann gelang es indessen, sich mit den Waffen in der Hand, ohne Verlust durchzuschlagen, die übrige Mannschaft wurde in den Ställen überrascht, fünf Ulanen gefangen fortgeführt, ihre Pferde indeß an der Küste wieder in Freiheit gesetzt.

Durch diese wiederholten nächtlichen Angriffe sah sich die Escadron natürlich in unausgesetzter Bewegung erhalten, die Verluste an Gefangenen spornten aber Führer und Mannschaften nur zu noch rastloserer Thätigkeit an; allabendlich rückte ersterer mit dem nicht auf Posten befindlichen Theile seiner Mannschaft aus und bivouacquirte an mehreren verschiedenen Stellen, die vorher nicht bekannt gemacht wurden. Im Hauptquartier zu Gravenstein fühlte man wohl, daß dieser Dienst auf die Länge aufreibend für Leute und Pferde werden müsse, doch ließ sich vor Düppel Infanterie nicht entbehren und Cavallerie war zur Zeit auch nicht disponibel, da eine Landung in Angeln, mit der der Feind drohte, zur Verstärkung der dortigen Truppen durch eine Escadron Ulanen geführt hatte, so daß im Sundewitt, zur Küstenbewachung und zum Vorpostendienst nur noch acht Escadrons — vier Escadrons Husaren, drei Escadrons Dragoner und eine Escadron Ulanen — verblieben, was nur eben als hinreichend angesehen werden durfte.

Bald zeigte sich indessen eine Gelegenheit, wo man das sehr lästig werdende feindliche Streifcommando in der Gegend der Gjenner Bucht für seine dreisten Ueberfälle etwas abstrafen konnte. Wir müssen dazu nachholen, daß die 21. Infanterie-Brigade, bestehend aus dem 1. Schlesischen Grenadier-Regiment Nr. 10 und dem 1. Niederschlesischen Infanterie-Regiment Nr. 50, nebst einer 6tägigen Batterie der Schlesischen Artillerie-Brigade Nr. 6 in der Heimath mobil gemacht worden war und nun echelonweise, unter Commando des General-Majors v. Bornstedt, die Gegend zwischen Apenrade und Hadersleben passirten, um die Truppen in Jütland zu verstärken.

In der Nacht vom 17. zum 18. cantonnirte in Hoptrup, nebst dem Stabe und einem Detachement der Ulanen-Escadron, die 5. Compagnie des 10. Regiments. Zwischen 12½ und 2 Uhr gingen dem Premier-Lieutenant v. Bülow zwei Meldungen zu, wonach drei feindliche Kriegsdampfer, nachdem sie nördlich von Süderballig eine Zeit lang gekreuzt, bei einem Fischerhause unfern des Orts Anker geworfen, Truppen ausgeschifft und dieselben auf Süderballig in Marsch gesetzt hatten. Sofort allarmirte er die nächsten Quartiere und marschirte, sobald er 50 Infanteristen unter dem Lieutenant v. Montowt beisammen hatte, mit diesen und wenigen Ulanen dem Feinde entgegen, auf Diemis ab. Dort theilte er seine Leute, sandte den Lieutenant v. Montowt mit 24 Mann direct gegen die Landungsstelle und schlug selbst mit dem Reste den Weg auf Süderballig ein. Bei der großen Dunkelheit gelang es dem Ersteren, vom Feinde unbemerkt bis auf etwa 100 Schritt an die Schiffe und an eine beim Fischerhause aufgestellte 100 bis 150 Mann starke Infanterie-Abtheilung heranzukommen und aus einer günstigen Aufstellung ein lebhaftes Feuer zu eröffnen, während der Letztere auf dem Wege von Diemis nach Süderballig auf eine feindliche Dragoner-Abtheilung stieß und sie durch keckes Draufgehen zum eiligen Rückzuge veranlaßte. An dem Ausschiffungspunkte war das Gefecht inzwischen für den Augenblick zum Stehen gekommen; der Feind, in der Erwartung nur von Cavallerie angegriffen zu werden, hatte Quarré formirt und beantwortete das Feuer des Lieutenant v. Montowt, während er seine Einschiffung mit großer Hast betrieb. Diese erreichte noch einen höheren Grad, als bald darauf auch die Abtheilung unter dem Premier-Lieutenant v. Bülow hier eintraf und nun beide Detachements sich mit Hurrah, von zwei Seiten auf den Feind stürzten. Nur mit anscheinend bedeutendem Verluste konnte er seine Schiffe erreichen und hatte solche Eile, sich aus dem Feuer zu entfernen, daß er die Ankertaue kappte und erst als die Schiffe weit hinaus in die See gelangt waren, das Feuer aus Gewehr und Geschütz beantwortete. Der einzige Verlust unsererseits bei diesem, größtentheils im Finstern geführten Gefecht, waren zwei gefangene Ulanen, die am Fischerhause auf Posten standen und bei der Landung überrascht wurden. Zur Unterstützung dieses Coups landeten gleichzeitig etwa 100 Mann Dänischer Infanterie, eine halbe Meile weiter nördlich unfern Hovst, zogen sich aber, nachdem sie auf dem Marsche auf Vilstrup nur einzelne Ulanen vor sich gefunden, wieder an Bord zurück.

Bis auf einen erneuten Landungsversuch am 19. früh um 1¾ Uhr beim Fischerhause von Süderballig und einen anderen an demselben Tage um 10 Uhr früh etwas weiter nördlich unternommenen, bei denen aber, als die Truppen kaum das Ufer betreten hatten, der Rückzug auf die Schiffe wieder ins Werk gesetzt wurde, hatte der Partheigängerkrieg hiermit auf dieser Küstenstrecke sein Ende erreicht. Das Gefecht von Süderballig glich den Verlust von einem Offizier und zwölf gefangenen Ulanen wohl überreichlich aus und die Absicht der Dänen, Streitkräfte, welche die Alliirten in größerer Anzahl nach dieser Gegend senden würden, von Düppel oder anderen wichtigen Punkten abzuziehen und ihre Kräfte zu zersplittern, war nicht erreicht worden. Hierin und in dem Schlage von Düppel, den die Dänen um diese Zeit erlitten, ist der Grund zu suchen, daß diese Landungsversuche nun vor der Hand keine Wiederholung fanden.

Belagerung von Düppel vom 7. April bis zum Sturme am 18. April.

Es empfiehlt sich, die Ereignisse des folgenden Abschnitts tageweise zu betrachten, um zu sehen, wie Artillerie und Pioniere, unterstützt durch die Infanterie, sich gegenseitig in die Hand arbeiteten und jeder Tag und jede Stunde durch das Zusammenwirken aller Kräfte uns dem endlichen Ziele näher brachte.

Der 7. April.

Die Nacht vom 6. zum 7. April sah folgende Arbeiten entstehen:

Die Enfilir-Batterien Nr. I und II erfuhren jede eine Verstärkung von zwei 24tlern und kamen mithin zusammen auf acht solcher Geschütze.

Ferner baute man eine Demontir-Batterie XIV gegen Schanze 3 für vier gezogene 6tler der 2. 6tligen Batterie und nördlich von Steenbeck, zur Beherrschung des Wenningbundes und Bekämpfung der Schiffe, eine Strandbatterie XV für vier 24tler.

Es wurden außerdem umgebaut:

1) die gegen Schanze 4 gerichtete Demontir-Batterie IX und für vier gezogene 12tler und zwei 6tler aptirt;

2) die gegen Schanze 5 gerichtete Demontir=Batterie X und mit vier gezogenen 12ttern armirt;

3) die gegen Schanze 6 wirkende Demontir=Batterie XI und mit vier gezogenen 12ttern armirt.

Hiermit hatten die acht 24tter und zwölf gezogenen 12tter aus den Batterien von Ballegaard Verwendung gefunden. Die glatten 12tter, welche in diesen Batterien standen, zog man sämmtlich heraus und führte die gezogenen Geschütze dafür ein, so daß am Morgen des 7. schußbereit gegen die feindlichen Werke in Batterie standen:

  12 gezogene 24tter,
  20 „ 12tter,
  12 „ 6tter,
   6 glatte 12tter,
  12 7tlige Haubitzen,

Summa: 62 Geschütze.

Um 9 Uhr begann die Beschießung, welche den Tag über ohne Unterbrechung fortdauerte. Dies Feuer einer so bedeutenden Zahl ge= zogener Geschütze auf 1400 Schritt gegen die feindliche Front, konnte nicht verfehlen, einen großen Effect hervorzubringen, der sich zunächst dadurch zeigte, daß die feindlichen Geschütze zu Mittag größtentheils zum Schweigen gebracht waren und nur die, in geringerem Grade an= gegriffenen Schanzen 8 und 9 noch antworteten und zwar theilweise mit großer Lebhaftigkeit aus 84ttern und gezogenen 18ttern.

Der 8. April.

In der Nacht zum 8. schritt man zum Bau einer neuen Parallele, für welche das Terrain bereits in der Nacht vom 5. zum 6. in Besitz genommen war; es ließ sich dies indessen nicht ohne Gefecht ausführen. Mit dem Finsterwerden sammelten sich zu diesem Zweck die beiden Grenadier=Bataillone des 4. Garde=Regiments zu Fuß mit 53 Pionieren in der ersten Parallele. Vier Züge brachen sodann, in ziemlich gleichen Ab= ständen von einander, über die Parallele vor, avancirten etwa 500 Schritt, warfen den sichtlich überraschten Feind auf allen Punkten zurück und be= gannen, mit Hülfe der Pioniere, die gewonnene Position haltbar zu machen, indem sich die einzelnen Posten in die Erde gruben. Da beim Vor= gehen ein Zwischenraum in der Mitte entstanden war, so schob man

zur Ausfüllung desselben einen fünften Zug ein und stellte so eine zu=
sammenhängende Linie her. Etwa 200 Schritt hinter derselben hob
man Schützengräben für die Soutiens aus und kam, trotz mancher
Hindernisse, bis Tagesanbruch mit dem Logement zu Stande.

In diesem in kurzer Zeit verlaufenden Gefecht hatten die beiden
Bataillone 16 Mann, meist schwer Verwundete verloren, erfuhren aber
sonst bei der Arbeit weder durch ein Vorbrechen des Feindes noch durch
sein Geschützfeuer eine Störung und nahmen dem überraschten Gegner
im ersten Anlaufe 18 Gefangene ab.

In der Nacht zum 8. schritt man nun zum Bau dieser Parallele,
„Halbparallele" genannt, mit Arbeitern des 60. Regiments. Der Feind
schien die Arbeit nicht zu bemerken, zu deren Schutz ein Bataillon
des Regiments Augusta hinter der ersten Parallele aufgestellt worden war.
Um 2½ Uhr wurden die arbeitenden Mannschaften durch zwei Bataillone
des Regiments Elisabeth abgelöst und am andern Morgen trat dieselbe
Stärke des 4. Garde=Regiments zu Fuß für sie ein und setzte den
Bau fort.

Auf beiden Flügeln der Parallele wurden in dieser Nacht Batterien
r baut, welche die Bestimmung erhielten, gegen einen Ausfall mit Kar=
tätschen zu wirken; je näher man den Schanzen mit den Approchen
gelangte, desto bestimmter trat die Nothwendigkeit hervor, derartige
Batterien herzustellen, da die bereits armirten, im hohen Bogen
feuernden das Vorterrain nicht beherrschen konnten.

Diese beiden Batterien bekamen auf dem rechten Flügel die Ein=
richtung für zwei, auf dem linken Flügel für vier Feld=12ßer, welche
bei Tage dem Auge des Feindes entzogen hinter der Brustwehr Deckung
fanden, in den Nächten aber auf die Bettungen vorgebracht wurden.

Gleichzeitig mit dieser Halbparallele hob man auch die Communi=
cationen, von der ersten Parallele dorthin aus — zwei im Zickzack ge=
führte Laufgräben — und hatte bei diesen Arbeiten wiederum alle
Schwierigkeiten zu besiegen, welche das zuströmende Wasser im hohen
Maaße bereitete. Der Feind feuerte in dieser Nacht keinen Schuß auf
unsere Arbeiter, und die nächtliche Ruhe wurde überhaupt nur durch
einige ab und zu nach den Schanzen hinübergesandte Shrapnels ge=
stört, welche die Wiederherstellung der stark mitgenommenen Scharten
verhindern sollten, und ferner durch das dumpfe Getöse der Wieder=
herstellungs=Arbeiten des Feindes. Hämmern und Klopfen, sowie das

langsame Heranfahren schwer beladener Wagen und ihr Entfernen in beschleunigter Gangart war, bei aufmerksamer Beobachtung, deutlich zu vernehmen.

Es schien jetzt nöthig, unsere gegen den feindlichen rechten Flügel wirkende Artillerie — die Batterie XIII — zu verstärken; zu diesem Zweck erhielt die erste 6tlige Batterie Brandenburgischer Artillerie-Brigade den Auftrag, einige hundert Schritte links vorwärts derselben noch in dieser Nacht eine Batterie XXII für vier 6ter zu erbauen. Dieser Bau kam zur Ausführung; als aber der andere Morgen anbrach, richtete der Feind ein so heftiges Feuer gegen die Front und linke Flanke der Batterie, besonders von Alsen aus, daß es sich als unmöglich erwies, die Geschütze zum Schuß in die Scharten zu bringen und der Befehl gerechtfertigt war, sie wieder zu entwaffnen; in der kommenden Nacht sollte sie, durch solide erbaute Schulterwehren geschützt werden. Das Herausziehen der Geschütze ging glücklich und ohne Verluste von Statten.

Auch die Batterien auf Gammelmark erhielten eine neue Verstärkung: während der Nacht stellte die 3. 6tlige Batterie, links neben der Enfilir-Batterie III, ein Emplacement für ihre sechs Geschütze her und armirte dasselbe. Drei der 6ter Batterien, welche an der Küste bei Ballegaard Aufstellung gefunden hatten, waren somit für den Angriff auf die Düppeler Schanzen verwandt: eine auf Gammelmark, eine gegen den rechten, eine gegen den linken Flügel der Front, zwei derselben ließ man einstweilen zur Beherrschung der Alsener Föhrde dort stehen und zwar die Garde-Batterie gegenüber der Stegwig-Bucht und die 4. 6tlige Batterie in der Position an der Fährstelle.

In den Morgenstunden begann der Feind wieder aus allen seinen Schanzen gegen die Batterien zu feuern, namentlich zeigte die mit sechs Geschützen auftretende Schanze 2, daß sie bei den Arbeiten der Nacht sehr rührig gewesen sein mußte, und entwickelte auch jetzt eine anerkennenswerthe Thätigkeit. Bis gegen Mittag gelang es dem, jetzt immer überlegener gewordenen Feuer der Angriffsbatterien indessen, den Feind auf allen Schanzen seines linken Flügels — bis Schanze 6 hin — zum Schweigen zu bringen, einen Theil der Geschütze zu demontiren oder doch die Scharten gründlich zu zerstören. Schanze 9 und ein in ihrer Nähe gelegenes Geschütz-Emplacement, dem nur Batterie XI beikommen konnte, wehrten sich allein noch eine längere Zeit hindurch, schwiegen aber später ebenfalls.

Der Batterie X wurde es heute möglich, jenseit der Düppelmühle ein feindliches Barackenlager, von dessen Existenz man zwar wußte, dessen Lage man aber bisher nicht kannte, in Brand zu stecken. Immer deutlicher ließ es sich jetzt erkennen, daß die Dänen eifrigst an der Herstellung eines rückwärtigen Abschnittes arbeiteten, der sich aus der Gegend der Schanze 4 nach dem Wenningbund herunterzog und etwa 1000 Schritt hinter Schanze 1 an das Meer lehnte. Drei einzelne Schanzen konnte man bemerken, sie ragten über die Laufgräben hervor, welche ihre Verbindung bildeten, Lattenprofile deuteten indessen an, daß sie noch nicht vollendet waren. Ferner sah man, daß eine solche Verbindung längs des hohen Uferrandes von Schanze 1 rückwärts nach der zweiten Linie geführt und hierdurch ein gedeckter Zugang für den Anmarsch und Rückzug nach und von den Werken gewonnen wurde, den das Terrain hier nicht gewährte. Ob der im Bau begriffene zweite Abschnitt, welcher einer Erstürmung der Stellung möglicher Weise ernste Schwierigkeiten bereiten, der Vertheidigung einen neuen Halt gewähren konnte, sich auch in nördlicher Richtung, hinter dem rechten feindlichen Flügel fortsetzte, war nicht zu erkennen, es mußte aber als wahrscheinlich angenommen werden, so lange man sich nicht vom Gegentheil überzeugt hatte.

Am Abend des 8. April traf der Generallieutenant Hindersin mit seinem Stabe im Hauptquartier zu Gravenstein ein und übernahm die Leitung der beiden technischen Waffen — Artillerie und Ingenieure — bei der Belagerung, welche ihm eine Allerhöchste Cabinets-Ordre übertrug. Nach einigen Tagen der Orientirung, trat der General diesen Dienst an.

Er erhielt sein Quartier in Gravenstein, wo sich ja auch die Commandos der Artillerie und Ingenieurtruppen befanden. An dieser Stelle ist zu erwähnen, daß der Oberst Neumann, Mitglied der Artillerie-Prüfungs-Commission, in Begleitung von zwei anderen Artillerie-Offizieren dieser Commission, jetzt in Gravenstein eintraf und den Auftrag hatte, sich von der Wirksamkeit der gezogenen Geschütze zu überzeugen, denen er eine langjährige und erfolgreiche Thätigkeit gewidmet hatte. Durch die Kenntniß der technischen Eigenthümlichkeiten der gezogenen Geschütze leistete er der Artillerie als Beirath ersprießliche Dienste.

Der 9. April.

Während der Nacht zum 9. erbaute die Artillerie vier Mörser-Batterien — XVIII, XIX, XX und XXI — zu je vier 25ℓℓigen Mörsern. Die beiden Batterien gegen den Ausfall auf den Flügeln der Halbparallele hatten die Bezeichnungen XVI und XVII erhalten. Die Batterien XVIII, XIX und XX, gegen die Schanzen 3, 4 und 5 gerichtet, legte man hinter eine Terrainwelle zwischen den beiden Communicationen zur Halb-Parallele, etwa 150 Schritt rückwärts derselben; die Batterie XXI, gegen Schanze 6, etwas weiter vorwärts, unmittelbar hinter die Batterie XVII. Da das Material zu ihrem Bau bereits in der vergangenen Nacht herangeführt worden war, so ging die Arbeit schnell und bei der großen Stille, die man beobachtete, auch unbemerkt vom Feinde von Statten, ebenso die Armirung der Batterien XVI und XVII mit je zwei und vier Feld-12ℓℓern. Gleichzeitig verbreiterte man die zuletzt erbaute Parallele und die Communication in vorgeschriebener Weise und trieb aus der ersteren zwei neue Embranchements vor, soweit es das Terrain, welches sich zu einer Schlucht senkte, ungesehen auszuführen erlaubte.

Bei Erbauung der Mörserbatterien lag der Zweck vor, die Wirkung aus den Kanonen durch vertikales Feuer zu unterstützen und nunmehr, wo man den Schanzen so nahe gekommen war, daß auch das Mörserfeuer Aussicht auf Erfolg versprach, dem Feinde das Verbleiben in denselben immer mehr zu erschweren, auch die weniger festen Eindeckungen seiner Blockhäuser und Pulvermagazine vollends zu zertrümmern. Da die Schanzen 1 und 2 durch das umfassende und besonders kräftige Feuer sehr hart mitgenommen schienen und ferner gegen beide schon die Wurfbatterien VI und VIII thätig waren, so konnte man das Mörserfeuer jetzt ausschließlich auf die vier anderen Schanzen der angegriffenen Front richten.

Während der Nacht zum 9. schwieg das Feuer auf beiden Seiten fast ganz, nur die Dänen unterhielten es von Schanze 10 und von Alsen aus und steckten das Dorf Rackebüll in Brand. Gegen 6 Uhr früh begann der Feind aber von neuem aus allen seinen

Schanzen Geschosse gegen die Batterien zu schleudern; bald antworteten diese indessen mit solcher Kraft, daß er schon nach einer Stunde das Feuer einstellte. Zwar versuchte er im Laufe des Tages einige Schartengeschütze zu demaskiren und wieder zum Feuern zu bringen, doch machte man ihm dies bald unmöglich, indem auf jede Scharte stets zwei gezogene Geschütze gerichtet waren, die sofort Feuer gaben, sobald man Leute darin bemerken konnte. Die Heftigkeit unseres Feuers erlitt im Laufe des Tages durch dichte Nebelschauer zeitweise eine Beeinträchtigung, doch schritten die Communicationen unter diesem Schutze, dem Platze allmählig näher.

Der 10. April.

In der Nacht zum 10. fand die Armirung der Mörser-Batterien statt; auch diese Geschütze konnten wieder, wie bisher, über das freie Feld geführt werden, da es der Feind durch sein Feuer nicht hinderte, und dies war sehr erwünscht, weil sich die Laufgräben, wegen des darin stehenden Wassers, für einen solchen Transport noch durchaus unpracticabel zeigten. Der Feind schoß, wie in der vergangenen Nacht, nur in der Richtung auf Rackebüll.

Bei anbrechendem Morgen hinderte ein dichter Nebel den Beginn des Feuers und es mußte bis 10¼ Uhr ruhen; als sodann, aus 19 Batterien, die Beschießung begann, versuchte der Feind, eben so heftig zu antworten, stellte sein Feuer aber nach wenigen Schüssen ein, da ihm unsere Ueberlegenheit fühlbar wurde. Die Dänen schienen den Artilleriekampf überhaupt jetzt aufgeben zu wollen und zogen ihre Geschütze hinter die Brustwehren zurück, in der Absicht, sie für einen Sturm zu conserviren und unsere Colonnen alsdann mit Kartätschen zu begrüßen.

Ohne jede Belästigung durch den Feind konnte nun das Feuer gegen die Angriffsfront und die dahinter sich mehr und mehr heraushebende zweite Linie, bis gegen Abend fortgesetzt werden. Die Wirkung aller dieser Geschütze mußte eine außerordentlich verheerende sein; nicht allein die Blockhäuser wurden mehr und mehr zerstört, auch die Pallisadirungen in den Gräben und in den Kehlen der hinten offenen, sowie die Kehlbrücken der geschlossenen Werke erlitten schwere Beschädigungen.

Die Zielobjecte der Batterien ließen sich heute etwas erweitern und konnten sich einige derselben mit Shrapnelfeuer gegen die dicht mit Infanterie besetzten Communicationen zwischen den Schanzen wenden. Das Feuer der Batterien, der feindlichen Front gegenüber, leitete nunmehr ein Stabsoffizier der Feldartillerie, und unter ihm commandirten drei Hauptleute du jour: der eine die Batterien XXV, VI, VII und VIII des rechten Flügels, der zweite die Batterien IX bis XIV des linken, während die Mörserbatterien dem dritten unterstellt wurden.

Es sei hier gleich bemerkt, daß über die gesammten Belagerungsarbeiten und zugehörigen Batterien — bis auf ihre technische Leitung — sowie über alle dort beschäftigten Truppen, ein General du jour den Befehl übernahm und ferner, daß den Arbeitsdienst in den Laufgräben der Ingenieur-Hauptmann v. Rohrscheidt, als Tranchee-Major, leitete.

Der Commandeur der Frontalbatterien — Oberstlieut. v. Bergmann — hielt es heut für angemessen und zuläßig, einigen gezogenen 12Wern den speciellen Auftrag zu ertheilen, ihr Feuer gegen die massive Düppelmühle zu richten, da man wußte, daß der Feind dort eine Beobachtungs- und Telegraphen-Station etablirt hatte und es jetzt den Anschein gewann, als sei in den untern Räumen ein Munitions-Depot eingerichtet. Von Gammelmark aus hatte man zwar die Mühle schon wiederholt getroffen, indessen war es bisher nicht gelungen, sie ganz niederzulegen; dies sollte nun aus größerer Nähe bewirkt werden. Etwa um 2 Uhr stürzte dies Gebäude, unter dem großen Jubel der in den Batterien und Parallelen versammelten zahlreichen Mannschaft zusammen, welche darin ein sichtbares Zeichen der Wirkung unserer Artillerie begrüßten, und somit sah sich der Feind nun eines Punktes beraubt, von dem aus er unsere Arbeiten übersehen konnte. Außerdem ließ sich jetzt schon bei flüchtiger Beobachtung die große Wirkung unseres Feuers an der feindlichen Stellung und die angerichtete Zerstörung erkennen. Ueber die Verluste des Feindes in den letzten drei Tagen war man zwar nicht unterrichtet, da die Kopenhagener Zeitungen — ihrer Ankündigung zufolge — sich fernerhin jeder Auskunft über diese Verhältnisse enthielten; sie können aber keinesfalls unbedeutend gewesen sein, wie dies aus vielen Nachrichten sowohl, als aus dem Anblick, den die Werke darboten, klar hervorging. So wurde unter anderem von Gefangenen und Ueberläufern erzählt, daß sich eines Abends die Mannschaften zweier Regimenter geweigert haben sollten, über die Schiffbrücke nach den Schanzen und wie sie sagten zur Schlachtbank geführt zu werden. Nur dem energischen Einschreiten der Offiziere, mit dem Versprechen, es werde das letzte Mal sein, daß man sie über die Brücke vorschicke, gelang es die renitenten Soldaten zu ihrer Pflicht zurückzuführen.

Die Approchen, in denen die Pioniere fleißig fortarbeiteten, gewannen heut wieder 150 Schritt Terrain und hatten nun mit ihren Teten den Punkt erreicht, wo circa 500 Schritt von den Schanzen, die zweite Parallele angelegt werden sollte.

In der Nacht zum 10. war man auch bemüht gewesen, die Batterie XXII durch Schulterwehren gegen das Feuer von Alsen zu sichern, doch hatten die feindlichen Geschütze am Morgen des Tages wieder eine so heftige Beschießung der Batterie begonnen, daß man davon Abstand nehmen mußte sie zu armiren und sich dies bis dahin vorbehielt, wo, mit Hülfe der am heutigen Tage erwarteten schweren Geschütze, ein ernsterer Kampf gegen diesen Theil der feindlichen Stellung in Aussicht stand.

Gegen Abend langten denn auch acht 24 *ll* er und zwölf gezogene 12 *ll* er, begleitet von einer Festungs=Compagnie der Rheinischen Artillerie=Brigade im Artillerie=Park bei Nübelfeld an, nachdem am Tage vorher schon ein Theil der zweiten Garde=Festungs=Compagnie mit vier gezogenen 12ttern dort eingerückt war. Der Rest der Garde=Festungs=Compagnie traf erst am 11. ein und führte einen bedeutenden Munitionstransport heran.

Diese namhafte Verstärkung des artilleristischen Materials und Personals fand nun in folgender Art ihre Verwendung:

Vier gezogene 12 *ll* er blieben als Reserve im Park zurück; aus ihnen sollten zunächst zwei, durch das Schießen momentan unbrauchbar gewordene broncene Röhre ersetzt werden. Diese Geschütze hatten ja bereits nahe an 1000 Schuß gethan und wenn man rechnet, daß Bronceröhre überhaupt nur etwa 800 Schuß aushalten können, ohne den Dienst zu versagen, oder, was dasselbe sagen will, noch einen sicheren Schuß zu gestatten, so hatten sie schon über das gewöhnliche Maaß geleistet. Es wurde auch für solche Fälle eine Anzahl Reserveröhre erwartet, die aber erst in einiger Zeit eintreffen konnten.

Mit den übrigen zwanzig Geschützen beschloß man, theils gegen den rechten feindlichen Flügel zu wirken und die Schanzen 8 bis 10, deren Feuer dem Angriffe jetzt unbequem werden konnte, zum Schweigen zu bringen, theils die nördliche Brücke von Sonderburg, die aus der Gegend von Stabegaard gesehen werden konnte und den Gabelpunkt der beiden Chausseen westlich des Brückenkopfes, wo der Feind seine Reserve placirt zu haben schien, und aller Wahrscheinlichkeit nach das große Barackenlager liegen mußte, zu beschießen. Zu diesem Zwecke sollten westlich des Gehöftes Batrup die Enfilir-Batterien XXIII und XXIV erbaut und erstere mit vier 24Uern, letztere mit vier 12Uern armirt werden. Diese Batterien bedurften aber zu ihrem Schutze gegen Flanken und Reversfeuer anderer Batterien, um gleichzeitig den Kampf mit den feindlichen Geschützen auf Alsen aufzunehmen, da man nur dann auf ihre ungeschwächte Wirkung rechnen konnte, wenn es gelang, auch dieses Feuers Meister zu werden. Es war bemerkt worden, daß die dort liegenden feindlichen Werke zur Aufnahme einer größeren Zahl von Geschützen hergerichtet wurden und schien es deshalb erforderlich, zwei Batterien dagegen in Thätigkeit zu bringen, welche, mit je vier gezogenen 12Uern armirt, zugleich den Auftrag erhielten, den Sund von feindlichen Schiffen rein zu halten. Den Platz für beide wählte man auf einer Höhe nordöstlich von Stabegaard und gab ihnen die Bezeichnung: Strand- und Demontir-Batterie XXV und XXVI.

Fernerhin beabsichtigte man, den Sund gegen die Einfahrt feindlicher Schiffe vom Norden her zu sperren, und projectirte dazu eine Strand-Batterie XXVII von vier 24Uern bei Schnabeckhage, gegenüber der Landspitze von Arnkiels-Oere. Diese letzteren drei Batterien waren so gelegen, daß sie einen Uebergang über den Sund, wenn er zur Ausführung kommen sollte, kräftigst unterstützen konnten.

Der 11. April.

Die Nacht zum 11. April war zur Erbauung der zweiten Parallele ausersehen und zwar sollte sie mit der flüchtigen Sappe ausgeführt werden, indem man die Teten der beiden vorgetriebenen Zickzacks mit einander verband und diese Linie nach beiden Flügeln hin verlängerte.

Die äußersten Vorposten standen in den Sappenteten und in einigen Erdlöchern, in der Höhe derselben; diesen gegenüber auf 30 bis 50 Schritt, die feindlichen Posten durch Schützengruben gedeckt.

Schon seit einigen Tagen waren sich die beiderseitigen Vortruppen so nahe gekommen, daß sie einander durch das Feuer sehr unbequem werden konnten, es schien indessen ein stillschweigendes Uebereinkommen zu bestehen, daß man auf einander nicht schießen wollte, wohl fühlend, daß dies nur unnütze Verluste herbeiführen würde, die auf den Verlauf des Ganzen ohne Einfluß bleiben mußten. So herrschte denn bei den äußersten Vorposten ein Waffenstillstand, der zeitweise sogar das Bild höchster Gemüthlichkeit zeigte, während über ihren Köpfen hinweg die todbringenden Granaten mit furchtbarem Getöse sausten und tobten.

In ähnlicher Weise wie in früheren Nächten bei Eröffnung der Parallelen, sollten auch jetzt die feindlichen Posten zurückgeworfen werden; es hielt sich aber dort Alles so still, daß man vorzog, es vor der Hand wenigstens zu unterlassen, und mit der Arbeit, trotz der unmittelbaren Nähe des Feindes zu beginnen. Die Vorposten mußten sich daher nur etwa 15 Schritt über ihren jetzigen Aufstellungspunkt vorbewegen, sich dort platt auf die Erde niederlegen und so das Weitere abwarten. Ein dichter Nebel, der das Erdreich bedeckte und eine weitere Aussicht als auf 10—15 Schritt verhinderte, ließ eine solche Maaßregel als durchaus zweckmäßig erscheinen. Der Nebel war aber nur in den allerunterften Luftschichten vorhanden, während der Blick nach oben frei blieb und man den Mond und die Sterne klar am Himmel sehen konnte; hierdurch erhielt die ganze Gegend eine magische Beleuchtung. Jetzt begann der Bau. Zwei Arbeiter-Colonnen des 24. Regiments, das Gewehr über den Rücken, auf der linken Schulter einen Schanzkorb, auf der rechten den Spaten, standen in den beiden Approchen versammelt und harrten des Zeichens zum Vorgehen. Zu Einem überstiegen sie jetzt den letzten Erdaufwurf und betraten, in größter Stille, schleichend, das Terrain, auf dem der Bau vor sich gehen sollte, setzten einen Korb neben den andern an dem Tracirbande nieder und gruben sich ohne Verzug dahinter ein. Der Feind warf während der Arbeit zwar einzelne Bomben nach der Gegend hin, wo der Bau stattfand, hatte aber keine Wirkung und verschaffte den Angreifern dadurch nur die Ueberzeugung, daß er auch über Mörser verfügte, wovon man bisher nichts gemerkt hatte. Bis gegen Morgen wurde der Bau, so weit dieser in einer Nacht gefördert werden kann, beendet, und als der Feind zu dieser Zeit einen Ausfall mit zwei Compagnien aus der Schanze 2 unternahm, konnte er sich überzeugen, daß die Parallele bereits die hinreichende Deckung gewährte.

Eine Abtheilung des Brandenburgischen Füsilier-Regiments wies den Feind im ersten Zusammentreffen in die Schanzen zurück und fügte ihm dabei einige Verluste zu, während man diesseits nur einen Todten und vier Verwundete zu beklagen hatte.

Auf dem linken Flügel, wo die Brigade Göben wieder in erster Linie stand, waren in dieser Nacht die Vorposten um etwa 500 Schritt näher an die feindlichen Werke herangeschoben und im Allgemeinen längs des Grundes aufgestellt worden, der zwischen den Schanzen 6 und 8 von den Düppeler Höhen herab kommt und nach dem Sunde läuft, der linke Flügel aber zurückgebogen, um nicht dem Feuer von Alsen ausgesetzt zu sein.

Sie standen jetzt 8—900 Schritt vorwärts der anzulegenden Batterien, in deren Nähe die von ihren Bewohnern schon lange verlassenen Gehöfte mit starken Soutiens besetzt wurden, und schützten sich durch Eingraben und Verbarrikadiren der Wege. Eine Aufstellung noch näher an den Schanzen zu nehmen, erwies sich als unthunlich, da dort jede Deckung gegen das feindliche Kartätschfeuer fehlte, das Terrain sich vollständig frei und aller Knicks beraubt zeigte. Der Feind ließ sich beim Vordringen dieser Abtheilungen zwar überraschen, doch war er so schnell auf den Rückzug bedacht, daß ihm nur drei Gefangene abgenommen werden konnten.

Er stellte nun seine Vorposten in Schützengruben, wenige hundert Schritte von den Schanzen auf und ließ deren Soutiens innerhalb der Linie der letzteren stehen.

Auch in der Mitte der ganzen Linie unternahmen zwei Compagnien eine größere Recognoscirung. Um 4 Uhr früh gingen die 8. und 10. Compagnie des Regiments Augusta von Düppel aus gegen die Schanzen 5 und 6 vor, warfen den überraschten Feind und nahmen ihm neun Gefangene ab. Ein sich dabei entspinnendes lebhaftes Gewehrfeuer veranlaßte die 7. Compagnie nachzurücken, sie gelangte indessen nicht mehr zur Thätigkeit, da das Gefecht schnell wieder abgebrochen wurde, verlor aber drei Verwundete durch das feindliche Gewehrfeuer, welches, wie gewöhnlich zu hoch gerichtet, über die Köpfe der fechtenden Abtheilungen fort in die Reserven einschlug.

In dieser Nacht begann man mit dem Bau der Strandbatterie XXVII bei Schnabeckhage und bereitete den der Batterien XXIII bis XXVI vor.

Das Feuer sämmtlicher Batterien nahm bereits am frühen Morgen seinen Anfang, als die verschiedenen Gefechte sich auf der ganzen Linie entwickelten, mit der Absicht, die Erfolge der Infanterie zu unterstützen; später, als das Gewehrfeuer wieder schwieg, kehrten die Batterien zu einer gewissen Regelmäßigkeit des Feuers zurück und setzten die Beschießung mit günstiger Wirkung bis zum Abend fort. Die Batterie XIII erzielte heut besonders gute Erfolge, sie stellte zwei Geschütze außerhalb der gebauten Batterie, hinter einem Hügel auf und griff mit diesen die Schanze 10 an, in der man viel Leben bemerken konnte und welche bisher durch unser Feuer noch wenig gelitten zu haben schien. Während dieses Kampfes, der das Feuer der Schanze endlich still machte, wie auch schon im Laufe der Nacht, hatte die Surlücke Batterie zahlreiche Geschosse aus schweren gezogenen 18%ern herüber gesandt; gegen diese wandten sich nun um 1½ Uhr Nachmittags die beiden 6%er, denen es, — bald auf drei, später sogar auf vier Geschütze verstärkt — gelang, auch dieses Feuers bis gegen Abend Herr zu werden.

Nachdem die Garde-Division seit dem 29. März in erster Linie gestanden und den sehr anstrengenden Vorposten-, Tranchee- und Arbeitsdienst versehen hatte, war ihr nunmehr der Befehl zugegangen, in die rückwärts gelegenen Quartiere der Brigaden Röder und Raven von Ballegaard bis Rinkenis, zu marschiren und dort der Ruhe zu genießen. In ihre Stelle rückten die beiden genannten Brigaden vor, bezogen die Cantonnirungen derselben und übernahmen fortan, gemeinschaftlich mit der Brigade Canstein, den von nun ab verstärkten Vorposten- und Tranchee-Dienst. Es blieb auch fernerhin eine ähnliche Eintheilung bestehen wie seit Anfangs April, wonach — außer den in den Laufgräben nöthigen Arbeitern — ein Bataillon die vorderste Parallele und die daselbst angelegten Schützengräben besetzt hielt, ein zweites dahinter in der Halb- und ersten Parallele, ein drittes am Spitzberge bivouaquirte und ein viertes die Barracken in der Büffelkoppel bezog. Nördlich der Chaussee gab ein fünftes Bataillon die Vorposten im östlichen Theile von Düppel bis gegen das Pütthaus hin, wo sie, etwa 500 Schritt vorwärts desselben, Verbindung mit der 13. Division hielten; in Kirch-Düppel lagen ein sechstes und siebentes Bataillon. Diese sieben Bataillone standen unter dem General du jour, der seinen Aufenthalt in dem Gehöfte an der Chaussee, unmittelbar an der Ostlisière der Büffelkoppel nahm, während je ein Regiments-Commandeur die Bataillone südlich der Chaussee, ebenso wie die nördlich derselben, befehligte. Endlich bestanden die Vorposten der 13. Division — von der stets eine Brigade die Aufstellung gegen die Schanzen bezog — aus zwei Bataillonen, so daß im Ganzen neun Bataillone zum Dienste in erster Linie Verwendung fanden. Die Stärke dieser Truppen unterschied sich von der seit dem Beginn der Belagerungsarbeiten dazu verwandten nur dadurch, daß man die Truppen des rechten Flügels jetzt von fünf auf sieben Bataillone vermehrt hatte.

Am Abend des 11. April waren die Angriffsarbeiten so weit vorgerückt und vollendet, daß die Frage zur Entscheidung kommen mußte, ob der Sturm der Schanzen bereits aus der zweiten Parallele geschehen könne, oder ob es nothwendig sei, noch näher heranzugehen und eine dritte Parallele aufzuwerfen. Die Entfernung, welche die Sturmcolonnen aus der zweiten Parallele bis an die Schanzen, im feindlichen Feuer zu durchmessen hatten, betrug etwa 5—600 Schritt, was unter gewöhnlichen Umständen das Gelingen des Sturmes sehr in Frage gestellt haben würde. Die Gewißheit indessen, daß der Feind bereits vollständig demoralisirt war, und vor Allem die Wahrscheinlichkeit, daß er plötzlich über Nacht die Schanzen verlassen und somit die Preußischen Truppen um einen Theil der erwarteten Trophäen bringen könnte, ließen zu dem Entschluß kommen, den Sturm sobald wie irgend möglich und zwar schon aus der zweiten Parallele zu unternehmen. Auch drängten die politischen Verhältnisse jetzt immer mehr zur Entscheidung und schien es, als wenn deren längeres Hinausschieben neue und der ganzen Kriegslage nicht günstige Constellationen hervorrufen könnte. Ein Aufschub von zwei Tagen war aber doch nothwendig, um alle für den Sturm erforderlichen Anordnungen systematisch und ordnungsmäßig treffen zu können. Der commandirende General bestimmte daher den 14. April für den Sturm.

In der Ueberzeugung, daß es nothwendig sein würde, die Schanzen 1—6 gleichzeitig zu stürmen, hatte derselbe schon am 10. die Truppentheile bestimmt, welche später die Sturmcolonnen formiren sollten, und gleichzeitig angeordnet, daß dieselben am 11. Vorübungen zur Ueberwindung und Zerstörung der erwarteten Annäherungshindernisse in seiner Gegenwart abhielten.

Nach Allem, was man bisher gesehen und durch Ueberläufer, Gefangene oder sonst in Erfahrung gebracht hatte, bestanden diese Hinbernisse hauptsächlich in Wolfsgruben, eisernen Eggen, hölzernen Verpfählungen, Drahtgittern, pallisadirten und mit Sturmpfählen versehenen Gräben u. s. w. Der 2. Ingenieur-Offizier Hauptmann Treumann war damit beauftragt gewesen, dergleichen Hindernißmittel auf einer Koppel nahe dem Ingenieur-Depot zu Schmöllehn errichten und die erforderlichen Geräthschaften zur Ueberwindung und Zerstörung derselben anfertigen zu lassen. Am 11. waren dann die zu den Sturmcolonnen bestimmten Truppenabtheilungen dorthin geführt und durch die Ingenieur-Offiziere gründlich unterwiesen und für den Sturm eingeübt worden. Wie günstig diese Anordnung des commandirenden Generals auf den späteren Erfolg wirken mußte, liegt auf der Hand, und schon bei der Vorübung zeigte sich ein so frischer und fröhlicher Sinn, daß man sich förmlich auf den Turnplatz versetzt fühlte. Die Mannschaften wetteiferten in Ueberwindung der Hindernisse, schienen bei näherer Bekanntschaft mit denselben erstaunt über ihre Unbedeutendheit und gewannen das sichere Gefühl, daß dergleichen Hindernisse ihrem ungestümen Vordringen keinen großen Aufenthalt gebieten und sie nicht am sicheren Erfolge hindern würden.

Die speciellen Dispositionen und Instructionen für den Sturm wurden am 12. entworfen, ganz in ähnlicher Weise, wie man sie später am 18. ausführte, mit der Maßgabe, daß der Sturm schon aus der 2. Parallele stattfinden und nur von acht Bataillonen bewirkt werden sollte.

Die sehr wichtige Frage über die zu wählende Tageszeit entschied der commandirende General dahin, daß um 10 Uhr Morgens gestürmt werden müsse, um vorher noch mit der gesammten Belagerungsartillerie, von Morgens 4 Uhr ab, die Werke auf das Energischste zu beschießen und dadurch den Feind gründlich erschüttern zu können. Der Umstand, daß dergleichen Kanonaden schon öfter stattgefunden hatten, ließ hoffen, der Feind werde darin noch kein Anzeichen des Sturmes sehen, sondern nur ein abermaliges näheres Herangehen an die Schanzen erwarten. Den Anbruch des Tages zu wählen, als die für dergleichen Stürme gewöhnlich genommene Zeit, ließ schon der Umstand als ungeeignet erscheinen, daß der Feind nach allen Nachrichten, ihn zu dieser Zeit erwartete und täglich darauf vorbereitet war. Die spätere Tageszeit hatte allerdings den großen Uebelstand, daß die Sturmcolonnen und selbst ein Theil der Reserven bereits in der Nacht an die für sie bestimmten

Punkte gebracht werden und dort mehr wie sechs Stunden und zwar während der heftigen Kanonade, liegen bleiben mußten, um nicht durch ihren Anmarsch Alles zu verrathen. Es war dies indessen von so geschulten und von so gutem Geiste beseelten Truppen nicht zu viel verlangt und konnte der commandirende General mit voller Sicherheit darauf rechnen, daß dadurch die Vehemenz des Sturmes' nicht verringert, sondern nur erhöht werden würde.

Der 12. April.

Zur Vervollständigung der für den 14. beabsichtigten Kanonade waren noch verschiedene Arbeiten auszuführen, und fand in der Nacht zum 12. der Bau der Batterien XXIII bis XXVI, unter Zuhülfenahme von 800 Arbeitern der Infanterie, statt. Nur einzelne über den Sund abgegebene Schüsse des Feindes beunruhigten die Arbeiten, störten sie aber nicht, so daß die vier Batterien bis zum anderen Morgen beendet waren und nur bei den Batterien XXV und XXVI sich ein für die folgende Nacht angeordneter Umbau, zur eigenen Sicherheit der Geschütze, als nothwendig herausstellte. In die Strand=Batterie XXVII führte man vier 24ller ein und machte sie zum anderen Morgen schußfertig.

Während der Nacht ließ der General v. Göben zweimal kleinere Abtheilungen gegen die feindlichen Vorposten anprallen, fand sie aber wachsam und, namentlich bei der Wiederholung des Angriffs, sehr allert und auf denselben gefaßt.

Das Feuer der gesammten Batterien begann früh um 5 Uhr und hielt, mit anscheinend günstigem Erfolge, den Tag über in regelmäßiger Folge an, einzelne Batterien steigerten dasselbe nicht unbedeutend, so that die Feldzeugmeisterbatterie allein 500 Granatschuß. Diese Beschießung fand nur vorübergehend, von den feindlichen rechten Flügelschanzen und von Alsen, eine Beantwortung, da man das Entstehen der neuen Batterien dort wohl bemerkt haben mochte; die Batterie XIII trat hiergegen in den Kampf, doch ohne sichtbaren Erfolg. Auf dem linken feindlichen Flügel schwiegen die Schanzen sämmtlich bis auf Nr. 2, die um 5 Uhr Nachmittags mit einem Geschütze wiederum das Feuer aufnahm und so lange fortsetzte, bis die Scharte, hinter der es stand, durch die Zusammenwirkung aller Batterien auf Gammelmark gründlich zerstört worden war.

Der 13. April.

Die Armirung der Batterien XXII bis XXVI erfolgte in dieser Nacht, so daß am Morgen das Feuer aus ihnen eröffnet werden konnte, sie traten, gemeinschaftlich mit der Batterie XXVII, unter die Befehle des Oberstlieutenant v. Scherbening, dem zugleich der Auftrag geworden war, alle nach dem Sunde führenden Communicationen, bis Schnabeckhage hin, für Truppen und Fahrzeuge practicabel machen zu lassen und dieselben thunlichst zu vermehren, so weit dies mit Durchstechen einiger Knicks zu ermöglichen sei. Ferner mußte die Artillerie in dieser Nacht eine neue Batterie XXVIII erbauen, welche den Zweck hatte, den Rolf Krake, wenn er während des Sturmes in den Wenningbund einlaufen sollte, um die Laufgräben und Sturmcolonnen in der Flanke zu beschießen, durch ihr Feuer aus nächster Nähe zu bekämpfen. Zwei 24tler und zwei gezogene 12tler, für welche sie die Einrichtung erhielt, entnahm man den Strandbatterien V und XV, da anderweitige Geschütze nicht mehr zur Disposition standen. Ihren Platz bekam sie unmittelbar hinter dem rechten Flügel der Halbparallele und ihre Frontlinie so angewiesen, daß die Geschütze, neben der Beherrschung des Wenningbundes, auch auf die Schanzen 1 und 2 wirken konnten. Auf dem rechten Flügel erhielt sie einen Bruch rückwärts, um hier erforderlichen Falls, wenn das Panzerschiff es versuchen sollte, über die Batterie hinaus zu gehen und ihr Reversfeuer zu geben, ein Geschütz zu seiner Bekämpfung aufstellen zu können. Traversen auf beiden Flügeln, schützten die Batterien überdies gegen Flankirungen. Bis zum 13. früh waren auch diese Geschütze schußfertig, da der Bau und die Armirung der Batterie durch feindliches Granatfeuer aus der Schanze 1 und 2 zwar beunruhigt, aber nicht gestört worden war.

Zur größeren Sicherheit der rechten Flanke gegen etwaige Manöver des Rolf Krake hatte der commandirende General, in Folge der Erfahrungen des 28. März, dem General von Canstein in Broacker den Befehl ertheilt, so viel Fischernetze wie nur irgend möglich zusammen zu bringen und sie quer über den Wenningbund von Gammelmark bis gegen die zweite Parallele so ausspannen zu lassen, daß sie, einige Fuß unter der Oberfläche des Wassers schwimmend, eine Art von Barrière gegen das Schiff bildeten. Da die Schraubenschiffe nichts mehr fürchten, als dergleichen Netze oder überhaupt solche Gegenstände, die leicht von der Schraube angezogen werden, sich in dieselbe verwickeln, und sie zum Stillstehen bringen, so ließ sich erwarten, daß Rolf Krake entweder vom Legen der Netze Nachricht erhalten und sich hüten würde in ihre Nähe zu kommen, oder daß er wirklich zum Stillstehen gebracht und dann vielleicht in Grund geschossen werden könnte. General v. Canstein ließ die sämmtlichen auf dem Broacker vorhandenen Netze durch den Hauptmann v. Spies des 35. Infanterie-Regiments zusammenbringen und trotz widrigen Windes und mancher anderer Schwierigkeiten in einer Nacht ausspannen. Der Erfolg hat später gezeigt, wie lähmend diese Maaßregel während des Sturmes am 18. April auf die Bewegungen des Rolf Krake gewirkt hat.

Endlich erbaute man noch die Batterie XXIX auf dem linken Flügel der Batterie XXVII bei Schnabeckhage und armirte sie mit vier gezogenen Geschützen der 4. 6lligen Batterie, die man aus ihrer Aufstellung bei Ballegaard herbeizog. Sie sollte die linke Flanke der 24ßigen Batterie schützen und den Kampf mit Schiffen führen, die von dieser Seite her dagegen wirksam werden könnten.

Während aller dieser Vorbereitungen zum Sturm trat ein Ereigniß ein, das einen abermaligen Aufschub und zwar bis zum 18. wünschenswerth, ja nothwendig, erscheinen ließ. Der commandirende General hatte nämlich schon vor einigen Tagen Sr. Majestät dem Könige von seinen Absichten in Betreff des Sturmes detaillirte Mittheilungen gemacht, in Folge deren in der Nacht vom 12. zum 13. der Flügel-Adjutant Oberstlieutenant v. Strubberg mit einem eigenhändigen Antwortschreiben Sr. Majestät im Hauptquartier zu Gravenstein eintraf. Se. Majestät sprachen sich darin mit den Anordnungen des commandirenden Generals einverstanden aus, gaben aber doch gleichzeitig zu erwägen:

1) ob die Entfernung von 5—600 Schritt für die Sturmcolonnen nicht zu weit sei, und es sich, zur Vermeidung größerer Verluste empfehlen dürfte, näher heranzugehen, und daher noch eine dritte Parallele zu erbauen, und

2) ob nicht die Sturmcolonnen zu schwach beabsichtigt wären, da die Feldzüge des Herzogs v. Wellington, nach dessen eigener Aussage, den Beweis geliefert hätten, daß Sturmcolonnen immer so stark wie irgend möglich gemacht werden müßten.

Aus dem Allerhöchsten Handschreiben ging gleichzeitig hervor, daß ein Aufschub von wenigen Tagen auf die politische Lage keinen ungünstigen Einfluß ausüben würde.

In Folge dessen wurden sofort die erforderlichen Befehle ertheilt, um in der Nacht vom 14. zum 15. aus der zweiten Parallele noch circa 300 Schritt vorzugehen und dort eine dritte zu erbauen, die in den folgenden Nächten so vervollständigt und erweitert werden sollte, daß sie Deckung gegen Einsicht von den Schanzen und Raum zur Aufstellung bedeutend verstärkter Sturmcolonnen gewährte. Ein ausreichendes Defilement gegen die, der neuen Parallele sehr ungünstig liegende Schanze Nr. 6, war nicht gut möglich; die Artillerie erhielt daher den Auftrag, dieses Werk ununterbrochen auf das Kräftigste zu beschießen und in Schach zu halten. Zur Vervollständigung und Vertiefung der dritten Parallele, zu ihrer Erweiterung auf zwanzig Fuß Breite, zur Herstellung der nothwendigen breiten Ausfallstufen und der erforderlichen Communicationen erschienen noch drei Nächte nothwendig und bestimmte sich danach der Sturm auf den 18. April.

Um die, nunmehr anders zu formirenden, Sturmcolonnen durch eingeübte Leute angemessen verstärken zu können, wurden für den nächsten Tag abermals Uebungen zum Ueberwinden der Hindernisse im Ingenieur-Park zu Schmöllehn angeordnet, so daß dann im Ganzen 64 Compagnien diese Uebung durchgemacht hatten. Der Artillerie ward aufgegeben, bis in die Nacht vom 17. zum 18. hinein die Beschießung zwar ununterbrochen, aber ohne besondere Heftigkeit fortzusetzen, um die Geschütze zu conserviren und mit dem sehr starken Munitions-Verbrauch etwas inne zu halten.

Während der Nacht zum 13. war das Feuer von den Angriffsbatterien lebhafter geführt worden als in den Nächten vorher, so daß der Feind wohl einen Sturmangriff mit Anbruch des Tages erwarten mochte. Schon gegen Mitternacht begann er daher aus der Gegend der Schanzen 8 und 9 ein anhaltendes Feuer aus gezogenen Geschützen — darunter mehrere schwere Stücke — nach dem rechten Flügel der Halbparallele zu richten und unterstützte dies durch die Schanzen 1 und 2, wo abermals Geschütze zur Thätigkeit gelangten. Die Artillerie dieser letzteren Schanze mußte in einer sehr thätigen und energischen Hand sein. Einen erheblichen Schaden erlitten wir indessen nicht, und gegen Morgen zog der Feind seine Geschütze auf dem rechten Flügel — wahrscheinlich Feldartillerie — zurück und in seinen linken Flügel-Schanzen verstummte das Feuer ebenfalls, nachdem die Angriffs-Batterien den Kampf dagegen aufgenommen hatten, und die Batterie XXVIII, um 5¼ Uhr früh, in denselben mit einstimmte. Die Frontal- und die Gammelmark-Batterien führten bis zum Abend des 13. die Beschießung fort, ohne durch das feindliche Feuer beunruhigt zu werden, hatten aber den sichtbaren Erfolg, die feindlichen Werke in erhöhtem Maße zu deformiren und auf weitere Zerstörung der Blockhäuser hinzuwirken. Etwas in die Augen fallender zeigte sich indessen der Effect, den die Batterien XXII bis XXVI hervorbrachten und der sich besonders auf die Schanzen 8 bis 10, die dahinter liegenden Gehöfte, den nördlichen Theil von Sonderburg und auf die Beunruhigung der nördlichen Brücke richtete; zahlreiche Feuersäulen stiegen in diesen, bisher noch wenig beschossenen Baulichkeiten und auf der Insel Alsen empor und vernichteten dem Feinde aufs Neue Unterkunftsräume in der Nähe seiner Stellung.

Der 14. April.

Der Bau der dritten Parallele sollte in dieser Nacht durch die Eroberung der Terrain-Erhebung auf der man sie anlegen wollte, vorbereitet werden und traf das General-Commando hierzu folgende Disposition:

„Heute Abend, nachdem die Vorposten abgelöst sind, gehen dieselben etwa 300 Schritt vor, was bis um 10 Uhr geschehen sein muß. Dem vordersten Bataillon werden zwei Pionier-Compagnien beigegeben, deren Commandeur sich bei dem Commandeur der Vorposten in der letzten Parallele zu melden hat. Die Pioniere sind bestimmt, die Posten und Feldwachen in der neuen Aufstellung einzugraben. Die Mannschaften müssen mit Lebensmitteln versehen sein, da sie vielleicht den ganzen Tag nicht abgelöst werden können. Die neue Stellung der Posten muß festgehalten werden, die Soutiens können in der letzten Parallele verbleiben. In diese Parallele rückt gleichzeitig mit der Ablösung das Unterstützungs-Bataillon und ist ein drittes in der Halbparallele aufzustellen.

Gravenstein den 13. April 1864."

Die Ausführung dieser Disposition fiel dem Obersten v. Hartmann zu, der an diesem Abend die Vortruppen südlich der Chaussee befehligte, während General-Major v. Canstein als General du jour

das Commando der sieben Bataillone des rechten Flügels übernommen hatte. Dem Obersten v. Hartmann standen zur Disposition:
  zehn Compagnien des 60. Regiments,
  vier Compagnien des Leib-Grenadier-Regiments,
  zwei Compagnien des 3. Pionier-Bataillons.

Seine eigenthümlich gedachte und meisterhaft ausgeführte Disposition lautete:

„Drei Compagnien des 1. und eine des Füsilier-Bataillons 60. Regiments — 1. 2. 4. und 11. unter Führung des Majors v. Jena — stellen sich in der zweiten Parallele in vier Compagnie-Colonnen formirt, an den dort vorhandenen vier Ausfallsthoren auf. Die Tetenzüge dieser Colonnen gehen mit Marsch, Marsch, ohne zu schießen und ohne Hurrah zu rufen, 300 Schritt vor, werfen sich dort nieder und warten die Ankunft der Pioniere ab. Der 2. Zug jeder Compagnie folgt auf 50 Schritt Entfernung geschlossen dem 1., um die feindlichen Schützen gefangen zu nehmen. Der 3. Zug folgt auf weitere 100 Schritt ebenfalls geschlossen, um mit dem Bajonett nach Umständen einzugreifen. Nachdem die genannten vier Compagnien das Vorterrain betreten haben, rücken vier Compagnien des 2. Bataillons 60. Regiments, in derselben Formation, an die Ausfallsthore heran, um als Reserve bereit zu sein. Eine halbe Compagnie Pioniere folgt dem ersten Echelon unmittelbar zum Herstellen der Logements. Das Signal zum Angriff erfolgt durch ein Pfeifen vom linken Flügel."

Diese Anordnungen gründeten sich auf die Erfahrungen der früheren Nächte, wo die Schwerfälligkeit der Dänen im richtigen Erkennen der Situation und im schnellen Ausführen der nothwendigen Maßregeln sich wiederholt herausgestellt hatte. Dies wurde jetzt durch den Obersten v. Hartmann mit großem Geschick benutzt und der Erfolg belehrte über die unbedingte Zweckmäßigkeit der Anordnungen.

Obgleich das Vorgehen der vier Compagnien durch ein Mißverständniß nicht ganz gleichzeitig erfolgte, ging dennoch die Unternehmung in der beabsichtigten Weise glücklich von Statten; die Tetenzüge stürmten über die feindlichen Schützenlöcher hinaus und die nachrückenden zweiten Züge nahmen, fast ohne daß ein Schuß fiel, 102 feindliche Infanteristen, großentheils vom 5. Regiment, gefangen. Die Gefangenen gehörten außer diesem Regimente noch zwei anderen an, und sagten aus, daß man so eben im Ablösen der Vorposten begriffen gewesen sei und hieraus ihre Stärke sich erkläre. Es engagirte sich nun ein leichtes Feuergefecht, welches indessen die Anlage der Logements in keiner Weise aufhielt, so daß in Zeit von ¾ Stunden die Truppen schon einige Deckung fanden. Die Schanzen unterstützten dies Gefecht durch einige Kartätschlagen, von denen eine den Tod des tapferen Majors v. Jena zur Folge hatte; eine 1¼zöllige Kartätschkugel drang ihm in den Rücken, als er so eben beschäftigt war, seine Leute anzustellen und fügte ihm eine so schwere Verwundung zu, daß er schon nach kaum zwei Tagen im Johanniter=Lazareth zu Nübel verschied. Major v. Jena, der schon im jugendlichen Alter in das Oestrreichische Heer eintrat und in den italienischen Kriegen reiche Erfahrungen sammelte, genoß in unserer Armee die ungetheilteste Hochachtung und Liebe seiner Vorgesetzten, Kameraden und Untergebenen und hatte sich den Ruf eines ausgezeichneten Offiziers erworben. Der Prinz Friedrich Carl schätzte diesen vortrefflichen, kriegserfahrenen Offizier nach seinem Werthe sehr hoch. Sein Tod wurde als ein schwerer Verlust allgemein empfunden und beklagt. Nächst ihm kostete uns dieses Nachtgefecht noch den Seconde=Lieutenant v. Seydlitz, der einen tödtlichen Gewehrschuß in den Kopf erhielt, und etwa zwanzig Todte und Blessirte. Trotz der Verwundung ihres Bataillons=Commandeurs und des immer heftiger werdenden feindlichen Feuers aus nächster Nähe, bewahrten die Truppen eine anzuerkennende Ruhe und führten die Arbeiten aus, bevor der Tag anbrach.

Vorher sollten die vier Compagnien durch das zweite Bataillon abgelöst werden. Dies ging auch im Allgemeinen ohne Verluste von Statten; nur bei der, auf dem äußersten rechten Flügel befindlichen 1. Compagnie, für welche die 5. einrückte, entspann sich das Feuergefecht von Neuem, da der Tag jetzt bereits graute. Bei der Wirksamkeit des Feuers in solcher Nähe, durch welches dem Chef der 5. Compagnie, Hauptmann v. Redern, der Oberarm zerschmettert wurde, konnte ein Theil der 1. Compagnie den Rückmarsch nicht ausführen und blieb nun ebenfalls in den Emplacements liegen.

Hiermit war der freiwillige Waffenstillstand, von dem wir weiter oben sprachen,- zu Ende; wo sich auf der einen oder andern Seite ein Kopf sehen ließ, da konnte er sicher sein, die feindliche Kugel bald pfeifen zu hören. Die Dänen verfügten, wie man bald erkannte, auch über eine Anzahl Wallbüchsen und Espignol=Geschütze, für deren Anwendung nun die günstige Entfernung gekommen zu sein schien. Sie traten mit unseren Wallbüchsen neuester (Construction*) in den Kampf, von denen der commandirende General zehn Stück hatte kommen lassen, welche nun von commandirten Infanteristen gehandhabt, unter dem Lieutenant v. Lettow=Vorbeck des 64. Regiments, in den vordersten Linien auftraten, und ihr Feuer auf die Artillerie=Bedienungen und andere wichtige Zielobjecte richteten.

Die gestern und während der Nacht mit geringerer Heftigkeit als in den letzten Tagen von der Angriffs=Artillerie geführte Kanonade bestimmte den Feind heute, und zwar vorzugsweise auf seinem rechten Flügel und auf Alsen, wieder energischer mit seinem Geschütz aufzutreten. Aus einer nicht unbedeutenden Anzahl schwerer Geschütze eröffneten die Surlücke= und die Flanken=Batterie das Feuer gegen die Batterien XXV und XXVI und erhielten dabei kräftige Unterstützung durch eine bespannte Feldbatterie gezogener 4tler, welche manövrirend, in wechselnden Aufstellungen, nördlich der Surlücke=Batterie erschien und die linke Flanke der Batterie XXVI beschoß. Sie wurde mit vieler Gewandtheit geführt, nahm stets solche Aufstellungen, in denen sie gute Wirkung hatte und doch selbst, durch Knicks gedeckt, nur schwer von unserem Feuer gefaßt werden konnte. Die Batterie XXVI gerieth durch das überlegene Feuer, welches sich nun von zwei Seiten gegen sie richtete, in eine unangenehme Lage, zwei Geschütze wurden demontirt d. h. für den Augenblick wenigstens außer Gefecht gesetzt und ein drittes mußte das Feuer ebenfalls einstellen, weil eine im Zündloch abgebrochene Kartuschnadel nicht sogleich wieder entfernt werden konnte, sie vermochte also den Kampf nur mit einem Geschütz fortzusetzen. Dabei verlor sie an Mannschaften zwei Todte und einen Verwundeten. Es schien nunmehr nothwendig, die diesseitige Artillerie zu verstärken. Man allarmirte die in der Nähe cantonnirende 1. 12tlige Batterie und führte sie unfern der Mühle von Sandberg in Position, ferner entnahm man der Batterie XXII zwei 6tlige Geschütze und brachte sie nördlich der im Kampf befindlichen Batterie XXVI ins Feuer. Bereits vor ihrem Eintreffen war es indessen den übrigen schweren Geschützen gelungen, des feindlichen Feuers Herr zu werden, die Feldbatterie sah sich zum Abfahren veranlaßt und die Surlücke=Batterie mußte ihr Feuer nach kurzer Zeit ebenfalls einstellen, da ihre Scharten sich zerstört und ein Theil

---

*) Von dem genialen Erfinder der Zündnadelgewehre, Nicolaus v. Dreyse.

ihrer Geschütze demontirt zeigten. Die 12ller nahmen eine sehr günstige Aufstellung und hinderten den Feind die Rönhof=Schanze mit Geschütz zu armiren; eine schwere Kanone die so eben eingeführt werden sollte, blieb von der Mannschaft verlassen, auf freiem Felde stehen.

Gegen Mittag war unsere Artillerie siegreich aus dem Kampfe mit den Alsener Batterien hervorgegangen und das feindliche Feuer dort überall verstummt, die Folgen unseres Granatfeuers ließen sich bald an mehreren Stellen erkennen. Hochauflodernde Feuer- und Rauchsäulen zeigten, daß das Barrackenlager bei Kjär, welches man heute bei hellem Sonnenschein deutlich zu sehen vermochte, und das große, massive Gehöft Rönhof, wenn auch absichtslos, ein Raub der Flammen geworden war.

Die Frontal=Batterien betheiligten sich während der Nacht an einer lebhaften Kanonade, bei welcher indessen alle Schanzen durch Geschützfeuer noch Lebenszeichen gaben und namentlich eine Batterie, anscheinend zu acht gezogenen Geschützen, aus der Communication 8 bis 9 gegen die linke Flanke unserer Parallelen wirkte. Mit Tagesanbruch verstummte indessen das Feuer des Feindes, und die Beschießung seiner Werke währte den Tag über ohne Unterbrechung fort; zwei Mörserbatterien bewarfen das Terrain jenseit der Schanzen 3 und 4, wo man viele Arbeiter bemerkt hatte.

Der 15. April.

Hinter den in der vergangenen Nacht angelegten Emplacements konnte man jetzt die dritte Parallele erbauen, ohne nöthig zu haben ein Gefecht zu engagiren und dadurch Störung und Unterbrechung zu fürchten. In größter Stille ging die Arbeit der Parallele und ihrer rückwärtigen Communicationen mit der flüchtigen Sappe vor sich und zeigte sich im Allgemeinen bis zum anbrechenden Morgen des 15. als beendet.

Der Feind unternahm auch in dieser Nacht keinen Ausfall, auf welchen die in den Emplacements liegenden Vortruppen vollständig gefaßt waren, und auch sein Feuer muß im Ganzen als unwirksam bezeichnet werden; nur am Morgen verloren wir einige Leute durch Granaten. Gegen unsere Front fiel während der Nacht, weder ein Kanonen- noch ein Gewehrschuß und nur vom rechten Flügel der Schanzen schlugen einige Geschosse herüber. Zum weiteren Ausbau der dritten Parallele und ihrer derartigen Verbreiterung, daß sämmtliche Sturmcolonnen darin eine gedeckte und vom Feinde nicht eingesehene Aufstellung finden konnten, blieb noch der 15., 16. und 17. April und die beiden dazwischen gelegenen Nächte. Die Arbeit war aber in dieser Zeit nur dann zu schaffen, wenn ohne Unterbrechung und mit so viel Mannschaften gearbeitet werden konnte, als sich hier anstellen ließen. Sie kam nun zur Ausführung. Die Arbeiter lösten sich von sechs zu sechs Stunden ab und förderten bis zum 17. Abends die Parallele auf zwanzig Schritt Sohlenbreite, wodurch man den nöthigen Raum zur Placirung von circa dreizehn Bataillonen gewann, aus denen die Sturmcolonnen bestehen sollten. Den sechs zu erstürmenden Schanzen entsprechend und ihnen gegenüber, erhielt die Parallele sechs Ausfallstreppen, jede in der Breite einer Zugfront.

Außerdem ließ der General-Lieutenant Hindersin auf dem linken Flügel der Parallele eine Batterie anlegen, bestimmt, gegen einen Ausfall zu wirken, sie sollte aber erst in der Nacht vor dem Sturm mit den vier Feld 12&ern der Batterie XVII armirt werden.

Die Anlage derselben fand besonders in der Voraussicht statt, daß eine oder die andere Sturmcolonne zurückgewiesen werden könnte, dann sollte sie an dieser Batterie, schon in der dritten Parallele einen Halt finden. Sie erhielt die Bezeichnung XXX.

Seit dem 14. war ein Oesterreichisches Pionier-Detachement unter Führung des Ober-Lieutenants Aßmayr aus dem Cantonnement Feldstedt nach dem Ingenieur-Park bei Schmöllehn herangezogen worden und leistete in den Tranchéen, bei Herstellung der Communicationen sehr ersprießliche Dienste. Es darf hier gleich erwähnt werden, daß am Sturmestage sich diese Mannschaften im hohen Grade um unsere Verwundeten verdient gemacht haben und es sich angelegen sein ließen, die Krankenträger beim Aufsuchen der Blessirten im heftigsten Feuer und bei ihrem Transport nach den Verbandplätzen zu unterstützen.

Als der 15. April anbrach, sah man, daß die Nacht über in der feindlichen Stellung sehr fleißig gearbeitet worden und namentlich die Beschädigungen auf den Linien der Angriffsfront möglichst ausgebessert waren, ferner bemerkte man von den Höhen bei Dünth, daß der Feind hinter der Schanze 5 zwei schwere Kanonen derartig in Position gebracht hatte, daß sie das Terrain vor den Schanzen 3. 2. 1

wirksam zu bestreichen im Stande waren, ohne sie von den Frontal=
Batterien aus sehen oder mit dem directen Schuß unter Feuer nehmen
zu können. Der Feind traf somit alle Anstalten, einem Sturm, den
er seit einigen Tagen stündlich erwartete, kräftig entgegen zu treten.
Es erwuchs daraus für heute als Aufgabe der Frontalbatterien, diese
Arbeiten zu zerstören. Ein ruhiges und wohlgezieltes Feuer machte es
bis zum Abend in allen Punkten möglich; die Gegend hinter Schanze
5, wo jene zwei Kanonen standen, bewarfen zwei Mörserbatterien und
demontirten die Geschütze so vollständig, daß man beim Sturm die
Laffetten in Trümmer zerschlagen vorfand.

Auf unserem linken Flügel setzten die Batterien den Kampf gegen
Alsen fort, an dem sich auch die Batterie XXVII betheiligte. Da sich
erwarten ließ, der Feind werde heut wiederum mit Feldartillerie dort
manövriren, so war die 4ttige Garde=Batterie in eine Position nörd=
lich der Batterie XXVI beordert worden und hatte das Feuer auf eine
gegenüberliegende Strandbatterie eröffnet, wobei ein Zug der 1. 6ttigen
Batterie Brandenburgischer Artillerie=Brigade, welcher auf dem linken
Flügel der 4tter auffuhr, sie unterstützte. Bald nach 8 Uhr früh er=
schien die Dänische Feldbatterie wiederum, und gab schnell hintereinan=
der vier Schuß ab, verschwand aber gleich darauf, da ein außerordent=
lich kräftiges Feuer sie empfing und ging bis hinter Kjär zurück. Ge=
gen Abend trat sie abermals in den Kampf, nahm indeß eine so ver=
deckte Aufstellung, daß man die Geschütze — wie es schien deren drei —
auch mit bewaffnetem Auge nicht zu erkennen vermochte.

Auch in einer Position am Waldrande, nördlich von Rönhof, tra=
ten mehrere feindliche Feldgeschütze auf und gaben einige wirkungslose
Schuß auf die bei Sandberg stehenden Geschütze ab. Zwei Feld=
12tter waren dort placirt und betheiligten sich, nicht ohne Erfolg, an
dem Kampf mit der feindlichen Artillerie.

Im Laufe des Tages litt der Feind auf Alsen erheblich, fast alle
seine schweren Geschütze mußten das Gefecht einstellen und mehrere
große Gehöfte geriethen in Brand.

Gegen diese Küste traf der General=Lieutenant Hindersin für
die Folge die Anordnung, daß die 4ttige Garde=Batterie und die 3.
6ttige Batterie, täglich wechselnd, in der Position neben der Batterie XXVI
zum Kampfe mit der Dänischen Feldartillerie bereit stehen sollten. Die
3. 6ttige Batterie war aus dem Emplacement auf dem Broacker gezo=

gen worden, und stand bereits vom Morgen des 15. ab hinter der Ravenskoppel in Reserve, bereit das Feuer gegen Alsen, wenn es nothwendig werden sollte, zu verstärken.

Der 16. April.

Während der Nacht zum 16. und am folgenden Tage sollte das Feuer nur mäßig unterhalten werden. Der Feind erwiederte dasselbe bis 11 Uhr Abends gar nicht, dann aber eröffnete er aus der Gegend rückwärts der Schanzen 8 und 9, vielleicht auch von der Insel Alsen aus, das war nicht deutlich zu unterscheiden, eine ziemlich lebhafte Kanonade aus einer, auf acht Stück geschätzten Anzahl schwerer gezogener Geschütze und bewarf unsere Mörserbatterien mit Granaten. Dies fand bald seine Erwiederung aus den Batterien X und XI, den einzigen in der Front, welche zum Feuern nach dieser Richtung hin geeignet waren. Gegen Morgen schwieg das feindliche Geschütz, nachdem der Feind uns vorher noch aus einigen, hinter der Communication 4 zu 5 stehenden Mörsern und mit Kartätschen von den Schanzen 3 und 8, jedoch ohne Effect, beschossen hatte. Während des Tages setzten die Batterien die Beschießung, dem Befehle gemäß, fort; die des linken Flügels richteten sich besonders gegen die Schanzen 9 und 10 und gegen die, schon sehr mitgenommenen Alsener Batterien, schossen aber hierher nur dann, wenn sich wieder Geschütze wahrnehmen ließen. Die Dänische Feldbatterie, der nicht abzusprechen ist, daß sie mit großer Gewandtheit gebraucht wurde und daß sie in dem, immerhin ungleichen Kampfe eine anerkennenswerthe Ausdauer bewies, erschien heute früh um 5 Uhr nochmals gegen die linke Flanke der Batterie XXVI. Neben derselben waren zwei 4tlige Geschütze der Garde-Batterie während der Nacht in Position verblieben, und begannen jetzt den Kampf; nach einer Stunde sahen sich die Dänen zum Rückzuge gezwungen. Die Batterie erschien von nun an bis zum Sturm nicht wieder in diesem Terrain.

Es ist nachzuholen, daß die an der Alsener Föhrde zurückgelassenen Preußischen Batterien sich zu verschiedenen Malen veranlaßt fanden, das Feuer auf die gegenüberliegende Küste zu richten. Bald nach dem aufgegebenen Uebergang bei Ballegaard waren nämlich bei Hardeshoi Schanzarbeiten bemerkt worden, auch sah man dort mehrere Geschütze einführen, und eben so begann der Feind etwa 10—12 Tage später, auch nördlich der Stegwig-Bucht eine Batterie aufzuwerfen. Dies veranlaßte unsere Artillerie dorthin zu feuern, wobei sich auch die 4⅙er betheiligten. Der sichtbare Erfolg davon war der, daß man die feindlichen Arbeiter bei Tage von diesen Plätzen vertrieb. So viel erkannte man indessen bald, daß diese Befestigungen nur mit großer Lauheit von den Dänen betrieben wurden, und es gewann den Anschein, als verbänden sie hiermit die Absicht, uns bemerken zu lassen, daß auch auf diese Küstenstrecke Aufmerksamkeit verwendet werde.

Während man schon in der Nacht vom 14. zum 15. die feindlichen Vortruppen südlich der Flensburg-Sonderburger Chaussee bis in die Schanzen zurückgeworfen hatte, blieben dieselben vor den Schanzen 6 bis 10, wo ihre Vertreibung bisher noch nicht nothwendig gewesen war, im Vorterrain stehen und namentlich vor Schanze 6 im Besitz einer Höhe, von der aus sie die ganze dritte Parallele einsehen konnten und bei Tage von jeder ungewöhnlichen Truppenanhäufung in derselben, die bei der Vorbereitung zum Sturm unvermeidlich blieb, Kenntniß erhalten mußten. Es war daher jetzt die höchste Zeit, den Feind auch von dieser Anhöhe hinunterzuwerfen, da er sie ohne Gefecht nicht räumen zu wollen schien.

General-Lieutenant v. Manstein wurde am 16. mit Befehlen hierzu versehen. Das Leib-Grenadier-Regiment hielt an jenem Tage die Vorposten nördlich der Chaussee bis gegenüber der Schanze 8 besetzt und bekam die Weisung, nach eingetretener Finsterniß die feindlichen Posten und Feldwachen unmittelbar nördlich der Chaussee zurückzuwerfen, und, wenn es möglich, gefangen zu nehmen, sodann das Terrain, auf dem der Feind jetzt noch stand, durch Eingraben haltbar zu machen und es zu behaupten. Die Vorposten des linken Flügels des Leib-Regiments sollten stehen bleiben und mit dem vorgeschobenen rechten die Verbindung aufnehmen. Das 1. Bataillon war ausersehen, den Ueberfall zu machen, der um 9 Uhr zu beginnen hatte. Hiermit sollte eine Ablösung der Vorposten verbunden werden, welche das Füsilier-Bataillon seit gestern Abend inne hatte, und dieses dafür, gemeinschaftlich mit einer Compagnie des 2. Bataillons, die Reserve für das 1. bilden.

Ein Detachement von zwei Offizieren und fünfzig Pionieren ward angewiesen, gleichzeitig mit der, zur Ausführung des Unternehmens zunächst bestimmten 4. Compagnie vorzurücken, um sie beim Eingraben zu unterstützen.

Auf ein gegebenes Zeichen ging ein Zug dieser Compagnie im Laufschritt über die feindlichen Posten fort, gegen Schanze 6 vor, und warf sich auf den Boden nieder, während der Führer der Compagnie, Premier-Lieutenant v. Wilucki I, mit dem zweiten Zuge geschlossen folgte und der dritte Zug, zunächst die Chaussee verfolgend, dem Feinde in die linke Flanke fiel. Die Ausführung dieser Anordnung, welche fast in derselben Art wie in der Nacht vom 13. zum 14. April getroffen war, entsprach in jeder Beziehung dem vorgesteckten Zwecke, und zeugte für die Disciplin der Truppen; wie befohlen, fiel bei diesem Gefecht kein Schuß von unserer Seite, obgleich man mit geladenen Gewehren vorging. Der commandirende General war bei diesem Gefecht zugegen. Der Feind, auch heute wieder vollständig überrascht, behielt nur wenige Momente Zeit, um einige Schuß abzugeben, und in kürzester Zeit waren 63 Mann vom Dänischen 17. Regiment gefangen, der Rest in die Schanzenlinie zurückgeworfen. Außer dem 17. Regiment vertheidigte auch das 16. noch diesen Theil der Stellung und dies verlor unter anderen einen Todten und zwei blessirte Offiziere.

Die Pioniere waren zur Unterstützung beim Eingraben schnell zur Hand und mit ihrer Hülfe ward, trotz des von den Schanzen eröffneten lebhaften Gewehrfeuers, die nöthigste Deckung auf Entfernung von 250 Schritt von der Krete der Schanzen schnell geschaffen.

Der Feind sah sich in Folge seiner rückgängigen Bewegung vor Schanze 6 genöthigt, auch seine Vorposten weiter nördlich, aus der Gegend des abgetragenen Ofter-Düppels zurückzuziehen. Die 3. Compagnie ging nun bis zu diesem Punkt vor, und stellte die Verbindung mit dem linken Flügel durch Eingraben ihrer Posten und Feldwachen her. Bald begrüßten einige Kartätschlagen von den nächstgelegenen Schanzen die vorgeschobenen Truppen, indessen hemmten unsere Batterien deren Wirkung bald vollständig. Bis um Mitternacht hatte die 4. Compagnie genügende Deckung in der neuen Position gewonnen, ohne einen Mann verloren oder verwundet zu haben. Der in jeder Beziehung günstige Erfolg dieses Unternehmens ist gewiß seiner zweckmäßigen Anordnung und geschickten Ausführung zu danken. Die bereits unter ähnlichen Umständen bestandenen Gefechte hatten die Art und Weise gelehrt, wie ein solcher Coup fast ohne Opfer und in möglichst kurzer Zeit auszuführen sei. Da der Feind keine Miene machte, das verlorene Terrain durch einen Ausfall wieder zu gewinnen, so konnte man die in

Reserve gehaltenen Abtheilungen bald nach Mitternacht in ihre Quartiere abrücken lassen.

Während dieses Gefechtes hatte der Feind Feldgeschütz in die Position geführt und begann aus den Schanzen 1, 3 und 8 und den nächstgelegenen Communicationen ein lebhaftes Feuer mit Kartätschen und Shrapnels auf das Vorterrain zu richten; es gelang indessen bald, die linken Flügelschanzen und zwar besonders durch die Batterie XIV, still zu machen, auf der übrigen Linie schwieg das Feuer von 3 Uhr Morgens ab und wurde auch im Laufe des 17. nicht wieder aufgenommen.

Der 17. April.

Während der Nacht erbaute man drei neue Batterien:

Die Strandbatterie XXXI vorwärts der ersten Parallele und rechts rückwärts der Strandbatterie XXVIII, bestimmt wie diese, gegen Schiffe aufzutreten; man armirte sie mit zwei, aus angekommenen Reserveröhren und Vorrathslaffetten zusammengestellten 24Ißern. Ferner die Wurfbatterien XXXII und XXXIII hinter dem linken Flügel der zweiten Parallele; sie sollten vor allem die Schanze 7, welche durch unser Feuer noch verhältnißmäßig wenig gelitten zu haben schien, bekämpfen. Um diese Batterien armiren zu können, entwaffnete man die Batterien VI und VII.

Die Frontalbatterien unterhielten das Feuer den Tag über mit guter Wirkung. Den Gammelmark-Batterien gelang heute etwas, das schon seit Beginn der Beschießung angestrebt, aber bisher noch nicht erreicht worden war, nämlich die Inbrandsetzung eines Blockhauses. Nachdem zwei Schuß mit Brandern als Treffer in der Schanze 2 beobachtet waren, sah man dort dicken Qualm und Feuersäulen auflodern, so daß kein Zweifel darüber blieb, diese Schanze, deren Artillerie sich bisher mit einer Energie und Hartnäckigkeit gewehrt hatte, welche bei den Angreifern allgemein die höchste Anerkennung fand, sei nunmehr ihres kräftigsten Schutzmittels, ihres Blockhauses beraubt und werde einem Sturm nun weit weniger Widerstandskraft entgegen setzen. Auf Alsen konnte das feindliche Feuer nicht wieder gegen das unsrige aufkommen und richtete sich nun auf die Arbeiter, welche sich an verschiedenen Punkten zeigten und den erfolglosen Versuch machten, die Beschädigungen an den Batterien wieder auszubessern.

Erstürmung der Düppel-Stellung am 18. April.

Wir haben uns jetzt zunächst mit den Vorbereitungen zu beschäftigen, welche der Angreifer für den großen Augenblick des Sturmes treffen mußte, sowie auch derjenigen Anordnungen des Feindes zu gedenken, die darauf abzielten, seine Stellung kräftigst zu vertheidigen, nachdem es ihm klar geworden, daß ein Sturm in Zeit von wenigen Tagen mit Sicherheit zu erwarten stand. Hierzu gehört, daß wir auch die auf beiden Seiten getroffenen Dispositionen — den geistigen Theil jener zur Katastrophe führenden Unternehmung — bis in ihre bekannt gewordenen Details hinein in den Kreis unserer Betrachtung ziehen. Dann wird es leichter sein, sich ein bestimmtes Bild von dem Sturm selbst zu bilden, zu dessen Schilderung wir danach übergehen wollen.

Der allgemeine Plan, den man sich im Hauptquartier zu Gravenstein dabei vorgesteckt hatte, war in großen Zügen folgender:

Als Vorbereitung für den Sturm sollte mit Tagesanbruch die Beschießung der Schanzen, Communicationen, des ganzen dahinter liegenden Terrains, Sonderburgs und der Batterien auf Alsen, aus sämmtlichen in Batterie stehenden Geschützen beginnen und bis zu dem Augenblick, wo die Sturmcolonnen vorbrechen würden, mit steigender Heftigkeit fortgeführt werden. Sechs Sturmcolonnen von verschiedener Stärke hatten um 10 Uhr Vormittags aus der dritten Parallele hervorzubrechen und sich in den Besitz der sechs Schanzen des feindlichen linken Flügels — 1 bis 6 — zu setzen. Diesen Sturmcolonnen folgten zwei Brigaden als Haupt-Reserven, um auch die zweite Vertheidigungslinie zu nehmen und die Schanzen des rechten Flügels — 7, 8, 9 und 10 — im Rücken anzugreifen, wenn sie noch nicht geräumt sein sollten. Gegen die Front der letzteren hatte gleichzeitig eine dritte Brigade zu demonstriren, nach Umständen angriffsweise zu verfahren. Eine vierte Brigade, verstärkt durch Feldartillerie und Zutheilung aller disponibelen Uebergangsmittel — Pontons und Boote — stellte sich verdeckt hinter dem großen Satruper Holz auf, um hier jeden Augenblick den Uebergang nach Alsen bewirken zu können, wenn sich dazu besonders günstige Chancen zeigen sollten; auch beabsichtigte man mit dieser Demonstration einen Theil der feindlichen Kräfte in Schach zu halten. Endlich hielt man den Rest der Garde-Division und eine fünfte Brigade als allgemeine Reserve zurück, um sie nach Umständen gegen die Schanzen verwenden oder nach Alsen hinüber werfen zu können. Die im Sundewitt befindlichen acht Escadrons waren bestimmt, mit vier Escadrons während des Sturmes die Küsten zu bewachen, während die vier anderen, ebenso wie die fünf reitenden Batterien, an geeigneten Punkten zur Disposition des commandirenden Generals aufgestellt werden sollten.

Die Divisionen waren aufgefordert worden, die Compagnien zu bezeichnen, welche von ihnen zu den Sturmcolonnen abzugeben waren, und die man der Zahl nach auf die Garde und die verschiedenen Brigaden vertheilt hatte. Diese Sturm-Compagnien erhielten Befehl, schon am 16. Abends Quartiere in der Nähe der Büffelkoppel zu beziehen und hier in der Nacht zum 17. möglichst der Ruhe zu pflegen. Die Compagnien der Garde kamen nach Nübel, die der 13. Division nach Satrup, die der 6. Division nach Broacker, Schmöl und den Barracken in der Büffelkoppel.

Sämmtliche Generale, Commandeure und die Commandeure der Sturmcolonnen wurden am 17. April, Mittags um 12 Uhr, nach der Büffelkoppel beordert, wo sie die nöthigen Instructionen und Befehle von Seiner Königlichen Hoheit dem commandirenden General mündlich erhielten.

Dem General-Lieutenant v. Manstein übergab der Prinz Friedrich Carl hier den Befehl über sämmtliche Sturmcolonnen und Hauptreserven und ertheilte die Disposition sowie eine Instruction für den Sturm, welche letztere außerdem noch schriftlich an alle Betheiligte zur Aushändigung gelangten. Sie lauteten:

„Instruction für den Sturm auf die Düppeler Schanzen.

Der Sturmangriff wird gleichzeitig gegen die Werke 1 bis 6 mit sechs Colonnen ausgeführt. Jede Colonne erhält die Nummer des Werkes, welches sie angreifen soll. Gegen die Werke 2 und 4, an welche sich feindliche Retranchements anschließen, werden stärkere Colonnen verwendet.

Die Colonnen Nr. 1, 3, 5 und 6 bestehen jede aus sechs Compagnien, Nr. 2 aus zehn, Nr. 4 aus zwölf Compagnien; Nr. 2, 4 und 6 wird eine ganze, Nr. 1, 3 und 5 je eine halbe Pionier-Compagnie zugetheilt. Alle Compagnien sind in Sectionsfront formirt, Anzug in Mützen, ohne Tornister, die Mäntel en bandoulière.

An der Tete einer jeden Colonne marschirt eine zum Ausschwär=
men bestimmte Infanterie=Compagnie. Unmittelbar dahinter folgt die
Arbeiter=Abtheilung mit umgehangenen Gewehren. Diese besteht aus
den Pionieren, welche Spaten, Hacken, Aexte, Brechstangen ꝛc. sowie
Pulversäcke à 30 Pfd. mit sich führen, und außerdem bei jeder Co=
lonne aus einer Infanterie=Compagnie zum Tragen von Leitern, Bret=
tern, Heusäcken und anderen Geräthschaften. Die Mannschaften der
Arbeiter=Abtheilungen nehmen so viel Distance von einander, als der
bequeme Transport der mitgeführten Gegenstände es erfordert.

Auf 100 Schritt Abstand folgen die eigentlichen Sturmcolonnen,
welche bei Nr. 1, 3, 5 und 6 aus zwei, bei Nr. 2 aus vier und Nr. 4
aus fünf Infanterie=Compagnien bestehen; 150 Schritt dahinter folgt
die eben so starke Reserve der Sturm=Colonne. Bei letzterer befinden
sich für jede Colonne ein Offizier, vier Unteroffiziere und zwanzig Ar=
tilleristen für etwaigen Gebrauch der in den Schanzen eroberten Geschütze.
Die Artilleristen jeder Colonne sind mit fünf Pechfackeln zu versehen.

Hinter der Reserve der Colonne Nr. 5 folgt ein Artillerie=Offizier
und ½ Pionier=Compagnie, welche, mit Spaten, Aexten, Hacken, Brech=
stangen und Hebebäumen versehen, die in der Chaussee zwischen den
Schanzen 4 und 5 befindlichen Barrikaden wegzuräumen und den Weg
fahrbar zu machen haben.

Die sechs Sturmcolonnen bestehen hiernach aus:

Nr. 1, 3, 5 und 6, je 6 Infanterie=Comp. = 24 Inf.=Cpg. 2½ Pion.=Cpg.
Nr. 2, = 10 „ „ 1 „ „
Nr. 4, = 12 „ „ 1 „ „
zur Wegräumung der Barrikade in
der Chaussee ½ „ „

Summa: 46 Inf.=Cpg. 5 Pion.=Cpg.

oder aus 11½ Bataillon Infanterie, 5 Pionier=Compagnien, sowie
aus 7 Offizieren, 24 Unteroffizieren und 120 Mann Artillerie.

Die Infanterie wird gegeben:

zur Colonne 1 von der Garde 6 Compagnien,
„ „ 2 Brigade Canstein 10 „
„ „ 3 „ Raven 6 „
„ „ 4 „ Göben 4 ⎫ 12 „
„ Schmid 8 ⎭

	zur Colonne 5 Brigade **Röder**	6 Compagnien,
"	" 6 von der Garbe	6 "
	Summa:	46 Compagnien.

Die Hauptreserve besteht aus zwei Infanterie=Brigaden und vier bespannten Batterien.

Die Sturmcolonnen werden an der Büffelkoppel zur bestimmten Zeit formirt und von da durch die Ingenieur=Offiziere derselben nach der zweiten Parallele geführt, wo sie vor Tagesanbruch eintreffen müssen und die Arbeiter die dort niedergelegten Geräthschaften empfangen. Außerdem erhält daselbst jeder Mann der Colonne einen leeren Sand= sack. Von da rücken die Colonnen in die vorderste (dritte) Parallele vor, wo sie geordnet und aufgestellt werden. Die hier nicht Platz findenden Reserven der Colonnen bleiben in der zweiten Parallele zurück und setzen sich von hier aus in Bewegung, wenn die Teten der Colonnen aus der vordersten Parallele zum Sturm vorgehen. Jeder Mann der Sturmcolonne füllt den mitgebrachten leeren Sandsack zur Hälfte mit Erde von den Revers=Brustwehren, und die Arbeiter stellen sich neben ihren Geräthen, um dieselben sofort aufnehmen zu können.

Die Brigaden Canstein und Raven werden bei dem Sturm die Hauptreserven bilden und beim Beginn desselben die Parallelen und das Dorf Düppel besetzen. Die bestimmten vier bespannten Feldbat= terien nehmen schon vor Tagesanbruch eine verdeckte Aufstellung in der Nähe des Spitzberges an der Chaussee. Sobald der Sturm befohlen wird, bis zu welchem Zeitpunkt sämmtliche Angriffs=Batterien ein min= destens sechs Stunden anhaltendes lebhaftes Geschützfeuer auf die an= zugreifenden Werke ohne Unterbrechung unterhalten haben müssen, de= bouchiren die sechs Sturmcolonnen gleichzeitig über die Ausfallstreppen der vordersten Parallele, wobei die Colonnen Nr. 5 und 6 gleich links über die Chaussee hinweg gegen die Schanzen Nr. 5 und 6 und die hinter Nr. 5 folgende ¼ Pionier=Compagnie auf die Barrikade in der Chaussee losgeht.

Nachdem die Teten=Compagnien der Colonne die vorderste Parallele verlassen haben, entwickeln sie die Schützenlinien, welche möglichst schnell vorgehen, indem jede die ihr angewiesene Schanze im Auge behält und nur gegen diese, ohne Rücksicht auf Verbindung mit der Nebencolonne ihre Richtung nimmt. Auch hierbei dienen die Offiziere der Pionier= Compagnien als Führer.

Stoßen die Schützen auf natürliche oder künstliche Hindernisse, welche sie nicht überschreiten können, so werden diese von den Arbeitern, welche darüber besonders instruirt und eingeübt sind, beseitigt.

An dem Rande der Schanzen angekommen umfassen die Schützen die Werke auf allen zugänglichen Seiten und feuern auf die sichtbare Besatzung, die Sturmcolonnen dringen, nachdem die Arbeiter ihnen den Weg gebahnt, in den Graben ein, breiten sich darin aus und ersteigen die Brustwehr sobald die im Graben befindlichen Hindernisse (Pallisaden) beseitigt sind. Ist die Brustwehr erstiegen, so werden die Schützen zusammengezogen und gegen die Kehle dirigirt um der Besatzung den Rückzug abzuschneiden. Die noch nicht zerstörten Blockhäuser in den Schanzen werden, sobald die Besatzung vertrieben ist, von den Pionieren mittelst Pulver gesprengt, außerdem werden die mitgebrachten Heusäcke in die Scharten gestopft und mit Pechfackeln angezündet um die Blockhäuser in Brand zu stecken oder ihre Besatzung durch den Rauch zu vertreiben.

Von jeder der aus vier, beziehungsweise fünf Compagnien bestehenden Sturm-Colonnen 2 und 4 geht eine Compagnie rechts und eine links, jede gefolgt von einer Compagnie der Reserve, gegen die neben den Schanzen 2 und 4 befindlichen Verbindungs-Retranchements vor.

Die Sturmcolonnen müssen jedes Gefecht mit den, zwischen den Schanzen etwa vordringenden feindlichen Truppen vermeiden und ihren Weg gerade auf die anzugreifenden Schanzen los, möglichst schnell zu verfolgen suchen. Der Kampf gegen vordringende feindliche Truppen muß von der Hauptreserve geführt werden, welche dazu auf Befehl des Höchst-Commandirenden vorgeht.

Nach dem Vormarsch der Sturm-Colonnen rückt die Haupt-Reserve-Brigade des rechten Flügels in die vorderste Parallele. Ebenso rücken die vier bespannten Feldbatterien allmählig auf der Chaussee vor. Ob nach Eroberung einer oder mehrerer Schanzen noch weiter vorgegangen werden soll, hängt von dem Ermessen des Höchst-Commandirenden ab. Jedenfalls dürfen die in die Werke eingedrungenen Truppen dieselben nicht verlassen, sondern müssen sich darin bis auf den letzten Mann halten. Die Gammelmark-Batterien bleiben während des Sturms im Feuern gegen die anrückenden feindlichen Colonnen und das rückwärts liegende feindliche Retranchement.

Haupt-Quartier Gravenstein, den 15. April 1864.

Der commandirende General.

Friedrich Carl, Prinz von Preußen."

Der Instruction wurde noch — auf einem besonderen Bogen — eine Anmerkung hinzugefügt, welche nur zur Kenntniß der Commandeure dienen sollte und auf den Fall berechnet war, daß der Feind irgend wo Minen angelegt haben möchte. Diese Anmerkung wollte man nicht allgemein bekannt werden lassen, da eine Hinweisung auf das mögliche Vorhandensein von Minen erfahrungsmäßig einen übeln Eindruck auf einen Theil der Mannschaft macht. Es hieß in dieser Anmerkung:

„Sollte nach Wegräumung der Hindernisse im Graben der Feind gegen die Ersteigung der Brustwehr keinen Widerstand leisten und die eindringenden Truppen die Schanzen etwa von der Besatzung verlassen finden, so müssen die Mannschaften der Sturm=Colonnen sich sogleich zurückziehen und sich außerhalb, hinter der Brustwehr=Böschung gedeckt halten. Es geht dann zuerst ein Pionier=Unterofficier mit zwei Mann vorsichtig im Innern vor, um zu untersuchen, ob in der Schanze oder im Blockhause etwa Minen vorbereitet sind.

(gez.) von Mertens,
Oberst."

Hand in Hand mit dieser Instruction ging die

„Disposition für den 18. April 1864.

Am 18. Morgens um 1¼ Uhr stehen die nach der Instruction zum Sturm bestimmten Compagnien der ersten drei Colonnen und um 2 Uhr die der andern drei Colonnen an der Ost=Lisiere der Büffelkoppel und rücken von dort, nach Anordnung des General du jour über das Depot in die dritte Parallele, wo sie sich hinlegen und bis zum Beginn des Sturmes liegen bleiben.

Die Brigade Canstein marschirt über Schottsbüll verdeckt nach dem Spitzberge, so daß sie daselbst um 10 Uhr Morgens eingetroffen ist um als Reserve für die Sturmcolonnen zu dienen.

Die Brigade Raven concentrirt sich um 10 Uhr Morgens bei der Büffelkoppel an der Chaussee, um ebenfalls als Reserve zu dienen.

Die Brigade Röder steht um 10 Uhr Morgens bei Nübel und marschirt von dort auf der Chaussee nach dem Spitzberge.

Die Brigade Schmid verstärkt um 10 Uhr Morgens ihre Vorpostenlinie und stellt sich in der Gegend von Rackebüll auf.

Die Brigade Göben steht um 10 Uhr Morgens verdeckt hinter dem Satruper Holz, wo auch die Pontons und Boote eintreffen.

Die Garde-Division concentrirt sich um 10 Uhr Morgens bei Satrup und wird ihr die Ulanen-Escadron aus Baurup beigegeben.

Mit Tagesanbruch beginnt das sehr verstärkte Feuer aus allen Batterien, anfänglich gegen die Schanzen, dann besonders gegen die feindlichen Communicationen und die Geschütz-Emplacements in denselben.

Punkt 10 Uhr brechen die sechs Sturmcolonnen aus der dritten Parallele in der ihnen durch die Instruction angegebenen Weise vor. Die Brigade Canstein rückt bis in die dritte Parallele, die Brigade Raven auf der Chaussee bis in die Höhe der zweiten Parallele, die Garde-Division von Satrup über Stenderup nach Kirch-Düppel.

Die bezeichneten Feldbatterien unter Oberstlieutenant v. Bergmann stehen vor Tagesanbruch am Spitzberge und sind von 10 Uhr an zum Abmarsch von dort bereit.

Von den reitenden Batterien sind um 10 Uhr drei bei Satrup und zwei bei Rübel zu meiner Disposition.

Das Husaren-Regiment, mit Ausnahme einer zur Küstenbewachung auf dem Broacker verbleibenden Escadron, steht um 10 Uhr hinter der Büffelkoppel.

Die Sturmcolonnen werden von Beginn des Sturmes an unter den Oberbefehl des General-Lieutenant v. Manstein gestellt.

Alle Meldungen sind nach dem Spitzberge zu machen, wo ich meinen Standpunkt nehmen werde.

Haupt-Quartier Gravenstein den 17. April 1864.
Der commandirende General
Friedrich Carl, Prinz von Preußen."

Auf Grund dieser Instruction und Disposition ertheilte der Oberst Colomier sofort den nachstehenden Befehl an die Artillerie:

„Befehl für die Artillerie am Tage des Sturmes.

I. Verhalten der Belagerungs-Batterien.

Von Morgens früh 4 Uhr ab beginnt das Feuer aus allen Batterien auf diejenigen Zielpunkte, welche den Batterien bei ihrer Erbauung vorgeschrieben sind. Die Batterien des Hauptangriffs, mit Ausnahme der Batterie Nr. XI, welcher weiter unten noch ein besonberes Ziel angegeben werden wird, schweigen Punkt 10 Uhr Morgens, wo die Sturmcolonnen aus der dritten Parallele vorbrechen werden.

Das zu Anfang ruhig begonnene Feuer nimmt nach und nach an Lebhaftigkeit zu, doch darf diese nicht auf Kosten einer vorsichtigen Bedienung und guter Wirkung, mit stets genauer Beobachtung, erstrebt werden. Die Batterien des rechten und linken Flügelangriffs setzen auch nach 10 Uhr ihr Feuer fort. Die Ziele die beschossen werden sollen, sind folgende, und zwar für die Batterien des rechten und linken Flügelangriffs so wie für die Batterie XI nach den Zeitpunkten vor, während und nach dem Sturme, geordnet:

A. Für die Batterie des Hauptangriffs:

1. Batterie V und XV nur gegen Schiffe, wenn dieselben in den Wenningbund einlaufen sollten.

2. Batterie XXVIII und XXXI gegen Schanze 1 und 2 und deren Communicationen, vornehmlich aber gegen Schiffe, die in den Wenningbund kommen. Batterie XXXI erhält hierzu die noch im Belagerungspark vorhandenen 24ßigen Vollgeschosse.

3. Batterie XIV, IX und X behalten die ihnen bisher vorgeschriebenen Ziele.

4. Batterie XI beschießt vor dem Sturme die Schanze 6, während und nach dem Sturme die Schanzen 8 und 9.

5. Geschütz-Emplacement XVI wirkt gegen Schanze 1 im hohen Bogenschuß und gegen das Terrain zwischen Schanze 1 und 2 mit Shrapnels.

6. Batterie XVIII. Das rechte Flügelgeschütz auf Schanze 2, das linke Flügelgeschütz auf Schanze 3, die beiden mittleren Geschütze auf das Terrain zwischen diesen Schanzen und 3—400 Schritt hinter denselben.

7. Batterie XIX. Die beiden rechten Flügelgeschütze auf das feindliche Retranchement, welches sich in zweiter Linie von Schanze 4 nach dem Wenningbund zieht, die beiden linken Flügelgeschütze auf das Terrain zwischen Schanze 3 und 4, und 3—400 Schritt hinter denselben.

8. Batterie XX. Die beiden rechten Flügelgeschütze gegen die Schanze 4, die beiden anderen gegen das Terrain zwischen Schanze 4 und 5, und 4—500 Schritt hinter denselben.

9. Batterie XXI. Die beiden rechten Flügelgeschütze auf das Terrain zwischen Schanze 5 und 6, und 4—500 Schritt hinter denselben, die beiden linken Flügelgeschütze auf die Schanzen 6 und 7.

10. Batterie XXXII. Die beiden rechten Flügelgeschütze gegen die Schanze 4, die beiden anderen gegen die Communication zwischen Schanze 4 und 5 und die dortigen Geschütz=Emplacements.

11. Batterie XXXIII. Die beiden rechten Flügelgeschütze nach Schanze 5, die beiden anderen nach Schanze 6, letztere auch 400 Schritt dahinter, nach Schanze 7.

12. Geschütz=Emplacement XXX. Die Geschütze bleiben verdeckt stehen, zur eventuellen Aufnahme der Truppen bereit.

Die sämmtlichen Batterien des Hauptangriffs streben danach, in sofern es ihnen möglich ist, die Pallisaden zu zerstören.

B. **Für die Batterien des rechten Flügel=Angriffs auf Gammelmark.**

Enfilir=Batterie I, II und III. Vor dem Sturme nur die Schanzen 1, 2, 3 und 4, nicht aber 5 und 6; während und nach dem Sturme das feindliche Retranchement hinter dem linken Flügel, wenn sich darin Geschütze oder Colonnen zeigen sollten, sonst beschießen sie den hinter dem Retranchement gelegenen Terraintheil bis zur Brücke oder nach Sonderburg, gegen welches, wenn keine anderen wichtigen Zwecke zu erfüllen sind, aus der Batterie I Brandgeschosse geschleudert werden. Außerdem sind Schiffe, welche es auch sein mögen, die ohne Gefährdung der rechten Flanke des Hauptangriffs oder der Sturmcolonnen gefaßt werden können, zu beschießen. Selbst wenn es gelungen ist, sich in den Besitz aller oder einiger Schanzen zu setzen, wird das Feuer, wie angegeben, fortgeführt, bis der Befehl zur Einstellung desselben eingeht oder bis es finster wird.

C. **Für die Batterien des linken Flügel=Angriffs.**

1. Batterie XIII, beschießt vor dem Sturme die Schanzen 6 und 8, während desselben Schanze 8, nach dem Gelingen des Sturmes Schanze 9.

2. Batterie XXII gegen Schanze 9 und solche Truppen, die sich zwischen und hinter den Schanzen 9 und 10 sehen lassen. Auch während des Sturmes und nach demselben werden diese Ziele beibehalten. Wird von den auf dem jenseitigen Strande des Alsensundes gelegenen Batterien lebhaft geschossen, so sind diese durch ein möglichst energisches Feuer zu bekämpfen.

3. Batterie XXIII, vor dem Sturme die Schanzen 9 und 10 und das Terrain zwischen und hinter diesen Schanzen, ferner die auf

Alsen gelegenen Batterien, wenn diese lebhaft feuern; während und nach dem Sturm die Schanze 10, die Alsener Batterien, die rückwärtigen Communicationen zu den Schanzen des feindlichen rechten Flügels, die Sonderburger Brücke, Sonderburg selbst, letzteres mit Brandgeschossen, und die Schiffe, die sich etwa in den Alsensund nördlich von Sonderburg legen sollten.

4. Batterie XXIV, vor dem Sturme die Schanzen 9 und 10 und das rückwärtige Terrain und die Alsener Batterien, wenn diese feuern; während und nach dem Sturme Schanze 10, die Alsener Batterien, die rückwärtigen Communicationen von den Schanzen zur Sonderburger Brücke, diese selbst und Sonderburg, letzteres mit Brandgeschossen und im Alsen Suunde liegende Schiffe.

5. Batterie XXV und XXVI, die Batterien auf Alsen, welche mit Geschützen armirt sind, vorzugsweise die große Flanken-Batterie nördlich von Sonderburg.

6. Batterie XXVII und XXIX, die Werke die sie sehen können und Schiffe, welche in den Alsensund einlaufen wollen.

Die ad 5 und 6 genannten Batterien müssen vorzugsweise ihr Augenmerk darauf richten, daß sie den eventuell übersetzenden Truppen genügenden Schutz gewähren. Hierin werden sie unterstützt durch die der Brigade Göben zugetheilten Feld-Batterien.

Der linke Flügelangriff gegen die Verschanzung wird noch unterstützt durch die zweite 12ʞige Batterie, welche in der nächsten Nacht ein Geschütz-Emplacement für sechs glatte 12ʞer rechts von Batterie XIII 1000 Schritt von Schanze 8 entfernt anlegen wird. Diese Batterie wird bis 10 Uhr Schanze 7 und von da ab Schanze 8 und 9 beschießen.

Kleine, durch die Umstände bedingte Abweichungen von den vorstehend gegebenen Zielpunkten ordnet im Verlauf der Beschießung der Major du jour respective der Commandeur der Flügel-Angriffe selbstständig an.

II. **In Bezug auf die Feldbatterien, die den Sturm-Colonnen folgen sollen.**

Es werden der Hauptreserve der Sturmcolonnen die nachfolgenden Batterien zugetheilt:

    die 4ʞige Garde-Batterie,
    die 3. 6ʞige Batterie ⎱
    die 3. 12ʞige   „ ⎬ der Brandenburgischen Artillerie-Brigade Nr. 3.
    die 2. Haubitz- „ ⎰

Das Commando über diese Batterien übernimmt der Oberstlieutenant v. Bergmann.

Alle vier Batterien müssen mit Anbruch des Tages in der Nähe des Spitzberges verdeckt aufgestellt sein und bleiben daselbst bis zum Beginn des Sturmes.

Die Batterien sind je nach den Umständen zu verwenden; hierbei sind hauptsächlich drei Fälle ins Auge zu fassen:

1) wenn der Feind von seinem rechten Flügel aus einen Offensivstoß gegen unseren linken Flügel versuchen sollte,

2) wenn unsere Truppen bei ihrem weiteren Vordringen auf Schwierigkeiten stoßen, zu deren Beseitigung sie der Unterstützung der Artillerie bedürfen, und

3) wenn der Feind aus den Schanzen seines rechten Flügels oder aus den Batterien auf Alsen ein starkes Feuer gegen unsere vordringende Infanterie richten sollte.

III. Das Verhalten der den Sturm=Colonnen beigegebenen Artillerie=Commandos.

Die Commandos bestehen aus je einem Offizier, vier Unteroffizieren und zwanzig Mann.

Der Offizier meldet sich Nachts um 1¼ Uhr an der Büffelkoppel bei dem Commandeur der bezüglichen Sturm=Colonne. Seine Aufgabe ist, die in den Schanzen noch vorgefundenen gefechtsfähigen Geschütze gegen den Feind zu verwenden, Emplacements in denselben vorzubereiten und die Wege in den Werken für etwa nachfolgende Feld= oder Festungsgeschütze gangbar zu machen, sowie den Pionieren bei dem etwaigen Sprengen der Blockhäuser, Anzünden von Heubündeln 2c. behülflich zu sein.

Das Commando, mit zwei Bund Schlagröhren, sechs Abzugsschnüren und Lunte, unter verschiedene Leute vertheilt, versehen, marschirt an der Queue der Colonnen; nur fünf Mann, welche Pechfackeln respective Pechkränze, Lunte und Zündlichte mit sich führen, schließen sich den an der Tete befindlichen Pionieren an. Außerdem sind fünf Hacken, drei Beile und sechszehn Schippen mitzunehmen, welche wie die übrigen Gegenstände heute Nacht 12 Uhr beim Hauptmann Gülle im Belagerungs=Park zu empfangen sind.

IV. **Das Verhalten des dem Pionier=Detachement zu=
getheilten Artillerie=Offiziers.**

In Uebereinstimmung mit dem das Pionier=Detachement comman=
direnden Ingenieur=Offizier hat dieser Offizier:
1) die auf der Chaussee befindliche große Barrikade zu beseitigen;
2) Wege für die Artillerie von der Chaussee nach dem nebenliegen=
den Terrain — etwa 2 nach jeder Seite — aufzusuchen und vorzu=
bereiten.

Sobald diese Aufgaben erfüllt sind, wird das Pionier=Detachement
den Feld=Batterien zur Disposition gestellt und der betreffende Offizier
begiebt sich in den Frontdienst seiner Batterie zurück.

V. **Vorkehrungen um das eroberte Terrain durch Aufstel=
lung einer großen Artillerie=Masse festzuhalten.**

Die drei in Belagerungs=Batterien stehenden gezogenen Feldbat=
terien — die 1. 6ℓℓige Batterie der Westphälischen, die 1. und 2. 6ℓℓige
Batterie der Brandenburgischen Artillerie=Brigade — haben zu morgen früh
10 Uhr ihre Pferde und je zwei mit Munition completirte Wagen in
die Nähe ihrer Belagerungs=Batterien heranzuziehen, um sofort im
Stande zu sein, auf Befehl, vorwärts gelegene Positionen einzunehmen.

Im Belagerungs=Park stehen 300 Landwagen zum Transport von
Munition und Batteriebau=Material bereit. Dieselben sind durch den
Park=Commandeur, Hauptmann Gülle, mit dem erforderlichen Bat=
teriebau=Material für

zwei gezogene 12ℓℓige Batterien⎫
zwei „ 24ℓℓige „ ⎬ jede zu vier Geschützen,
zwei Mörser=Batterien ⎭

beladen zu lassen, auch muß die Munition, und zwar je 50 Schuß
pro Geschütz, bereits verladen zur Abfuhr bereit stehen. Bespannt wer=
den die Wagen durch Gespanne der Munitions=Colonnen, von denen
sechs Colonnen ihre sämmtlichen Gespanne in den Belagerungs=Park
zur Disposition zu stellen haben.

Für etwa vorzunehmende Bauten sind die sämmtlichen nicht in
den Belagerungs=Batterien beschäftigten Mannschaften der Festungs=
Artillerie Morgens 10 Uhr in den Belagerungs=Park zu gestellen.

Endlich stehen die sämmtlichen disponiblen Offiziere der Festungs=

Artillerie von Morgens 10 Uhr ab in dem Emplacement Nr. XVII zur sofortigen Ausführung von Aufträgen bereit.

H.-Q. Gravenstein den 17. April 1864.

(gez.) Colomier,

Oberst und Brigadier."

Es dürfte sich empfehlen, diesen Dispositionen noch einige Erweiterungen und Bemerkungen hinzuzufügen, um hierdurch das Bild des Sturmes klarer und anschaulicher erscheinen zu lassen.

Zunächst ist zu bemerken, daß es reiflich in Erwägung gezogen wurde, ob man die sechs Sturmcolonnen nicht auf das Bestimmteste anweisen sollte, sobald der Besitz der erstürmten Schanzen gesichert sei, dieselben unter allen Umständen besetzt zu behalten und den Reserve-Brigaden den weiteren Kampf, um das rückwärts gelegene Terrain und vorzüglich um die zweite Linie, allein zu überlassen. Man hätte durch einen solchen Befehl entschieden einer jeden Unordnung vorgebeugt, welche nicht ausbleiben konnte, wenn die durch den Sturm nothgedrungen sehr auseinander gekommenen, noch dazu großentheils combinirten 11½ Bataillone das Gefecht bis zum Brückenkopf weiter fortführten. Aber es war nicht außer Acht zu lassen, daß man sich durch einen solchen Befehl möglicher Weise viel aus der Hand geben konnte. Wenn die Stürmenden von den errungenen Vortheilen Gebrauch machten und mit großem Elan weiter vorwärts drängten, so durfte man erwarten, sie würden den überraschten Feind gar nicht wieder zur Besinnung kommen lassen, und es erschien ausführbar, die zweite Linie, ja vielleicht sogar den Brückenkopf, mit einem Schlage zu nehmen. Dies wäre ein großes Resultat gewesen. Da man nun mit Sicherheit übersehen konnte, daß der Unordnung, unter allen Umständen am Meere — also in nicht zu großer Ferne — ein Ziel gesetzt werden mußte, so entschloß man sich dazu, in der mündlich ertheilten Disposition, den Sturmcolonnen-Commandeuren nur auf das Bestimmteste zur Pflicht zu machen, die genommenen Schanzen zu behaupten, ihnen aber die hier zu verwendende Truppenzahl nicht vorzuschreiben und sie in der Lage zu lassen, alle erfochtenen Vortheile über den Feind weiter verfolgen zu können.

Die Sturmcolonnen setzten sich aus folgenden Abtheilungen zusammen:

Colonne Nr. 1.

Commandeur: Major v. Conta des 4. Garde-Regiments zu Fuß.

Schützen-Compagnie.

4. Compagnie des 3. Garde-Regiments zu Fuß, Hauptmann v. Reinhard.

Pioniere.

Die halbe 2. Compagnie des Brandenburgischen Pionier-Bataillons Nr. 3, Premier-Lieutenant Fritze.

Arbeiter-Compagnie.

5. Compagnie des 4. Garde-Regiments zu Fuß, Hauptmann v. Wolffradt.

Sturm-Compagnien.

5. Compagnie des 3. Garde-Regiments zu Fuß, Hauptmann v. Petery.

4. Compagnie des 4. Garde-Regiments zu Fuß, Hauptmann v. Stülpnagel.

Reserve-Compagnien.

1. Compagnie des 3. Garde-Regiments zu Fuß, Hauptmann v. Seegenberg.

5. Compagnie des 3. Garde-Grenadier-Regiments zu Fuß (Königin Elisabeth), Hauptmann v. Hahnke.

Seconde-Lieutenant Schmölder mit vier Unteroffizieren und zwanzig Artilleristen der Westphälischen Artillerie-Brigade Nr. 7.

Colonne Nr. 2.

Commandeur: Major Fragstein v. Niemsdorff vom Brandenburgischen Füsilier-Regiment Nr. 35.

Schützen-Compagnien.

2. Compagnie des Brandenburgischen Füsilier-Regiments Nr. 35, Hauptmann v. Spies, für die Schanze 2.

6. Compagnie des 7. Brandenburgischen Infanterie-Regiments Nr. 60, Hauptmann Krähe, für die Communication 1 zu 2.

3. Compagnie des 7. Brandenburgischen Infanterie-Regiments Nr. 60, Hauptmann v. Leszczynski, für die Communication 2 zu 3.

Pioniere.

4. Compagnie des Brandenburgischen Pionier-Bataillons Nr. 3, Hauptmann Daun.

Arbeiter-Compagnie.

3. Compagnie des Brandenburgischen Füsilier-Regiments Nr. 35, Hauptmann Struensee.

Sturm=Compagnien.

5. und 7. Compagnie des Brandenburgischen Füsilier=Regiments Nr. 35, Hauptleute Bachfeld und v. Schütz, gegen die Schanze selbst.

Reserve=Compagnien.

Major v. Kettler des 7. Brandenburgischen Infanterie=Regiments Nr. 60.

11. Compagnie, Premier=Lieutenant v. Treskow, und 12. Compagnie, Hauptmann v. Kameke, des Brandenburgischen Füsilier=Regiments Nr. 35 für die Schanze 2.

9. Compagnie, Premier=Lieutenant v. Kaminietz, und 10. Compagnie, Premier=Lieutenant Caspari, 7. Brandenburgischen Infanterie=Regiments Nr. 60. Die 9. Compagnie bildete die Reserve für die 6. Compagnie, die 10. die für die 3. Compagnie desselben Regiments.

Seconde=Lieutenant Pohlmann, vier Unteroffiziere und zwanzig Artilleristen der Rheinischen Artillerie=Brigade Nr. 8.

Colonne Nr. 3.

Commandeur: Major Girodz v. Gaudi vom Leib=Grenadier=Regiment Nr. 8.

Schützen=Compagnie.

9. Compagnie des Leib=Grenadier=Regiments Nr. 8, Hauptmann v. Seydlitz.

Pioniere.

Die halbe 2. Compagnie Brandenburgischen Pionier=Bataillons Nr. 3, Seconde=Lieutenant Bertram I.

Arbeiter=Compagnie.

11. Compagnie des 1. Posenschen Infanterie=Regiments Nr. 18, Hauptmann v. Hanstein.

Sturm=Compagnien.

12. Compagnie des Leib=Grenadier=Regiments Nr. 8, Premier=Lieutenant Sack.

10. Compagnie des 1. Posenschen Infanterie=Regiments Nr. 18, Hauptmann Graf Finckenstein.

Reserve=Compagnien.

10. Compagnie des Leib=Grenadier=Regiments Nr. 8, Hauptmann Milson.

12. Compagnie des 1. Posenschen Infanterie=Regiments Nr. 18, Hauptmann v. Freyburg.

20*

Seconde-Lieutenant Millies, vier Unteroffiziere und zwanzig Artilleristen der Brandenburgischen Artillerie-Brigade Nr. 3.

Colonne Nr. 4.

Commandeur: Oberst Freiherr v. Buddenbrock, Commandeur des 5. Westphälischen Infanterie-Regiments Nr. 53.

Schützen-Compagnie.

1. Compagnie 5. Westphälischen Infanterie-Regiments Nr. 53, Hauptmann Böttge.

Pioniere.

2. Compagnie Westphälischen Pionier-Bataillons Nr. 7, Premier-Lieutenant Schotte.

Arbeiter-Compagnie.

10. Compagnie 5. Westphälischen Infanterie-Regiments Nr. 53, Premier-Lieutenant Wienand.

Sturm-Compagnien.

Oberstlieutenant v. Döring vom 5. Westphälischen Infanterie-Regiment Nr. 53.

Die 2. 3. 4. Compagnie des 5. Westphälischen Infanterie-Regiments Nr. 53, Hauptleute Wolter, Schalle und Premier-Lieutenant Senckel stürmen die Schanze 4; die 3. Compagnie 6. Westphälischen Infanterie-Regiments Nr. 55, Premier-Lieutenant Rothenbücher, wendet sich gegen die Communication 4 zu 5 und die 4. Compagnie desselben Regiments, Hauptmann v. Saniz, gegen die Communication 3 zu 4.

Reserve-Compagnien.

Hauptmann v. Rosenzweig vom 5. Westphälischen Infanterie-Regiment Nr. 53. Die 9. 11. 12. Compagnie desselben, Premier-Lieutenant Benkendorff, Hauptleute Chyträus und v. Henning, folgen der Hauptsturmcolonne, die 2. Compagnie des 6. Westphälischen Infanterie-Regiments Nr. 55, Premier-Lieutenant Delius, der 4. Compagnie, die 1. Compagnie desselben Regiments, Hauptmann v. Arnim, der 3. als Reserve.

Die vier Compagnien des 55. Regiments standen unter ihrem Bataillons-Commandeur Major v. Boecking.

Premier-Lieutenant Stöphasius der Brandenburgischen Artillerie-Brigade Nr. 3 mit vier Unteroffizieren und zwanzig Artilleristen der Garde-Artillerie.

Colonne Nr. 5.

Commandeur: Major v. Krohn vom 4. Brandenburgischen Infanterie-Regiment Nr. 24.

Schützen-Compagnie.

11. Compagnie des 8. Brandenburgischen Infanterie-Regiments Nr. 64, Hauptmann v. Salpius.

Pioniere.

Die halbe 4. Compagnie des Westphälischen Pionier-Bataillons Nr. 7, Premier-Lieutenant Lommatzsch.

Arbeiter-Compagnie.

1. Compagnie des 8. Brandenburgischen Infanterie-Regiments Nr. 64, Hauptmann v. Lobenthal.

Sturm-Compagnien.

11. und 12. Compagnie des 4. Brandenburgischen Infanterie-Regiments Nr. 24, Hauptleute Frhr. v. Hüllessem und v. Sellin.

Reserve-Compagnien.

6. Compagnie des 4. Brandenburgischen Infanterie-Regiments Nr. 24, Hauptmann v. Görschen.

12. Compagnie des 8. Brandenburgischen Infanterie-Regiments Nr. 64, Hauptmann Windell.

Seconde-Lieutenant Gerwien mit vier Unteroffizieren und zwanzig Artilleristen der Garde-Artillerie.

Dieser Colonne folgt der Seconde-Lieutenant v. Parpart der Brandenburgischen Artillerie-Brigade Nr. 3 und die halbe 3. Compagnie des Brandenburgischen Pionier-Bataillons Nr. 3 unter Führung des Seconde-Lieutenants Becker I, mit der Bestimmung die Barrikade in der Chaussee aufzuräumen.

Colonne Nr. 6.

Commandeur: Major v. Beeren vom 4. Garde-Grenadier-Regiment Königin Augusta.

Schützen-Compagnie.

11. Compagnie des 4. Garde-Grenadier-Regiments Königin Augusta Hauptmann v. Behr.

Pioniere.

Die halbe 3. Compagnie des Westphälischen Pionier-Bataillons Nr. 7, Premier-Lieutenant v. Wolkowa Feblowicz.

Arbeiter-Compagnie.

1. Compagnie des 3. Garde-Grenadier-Regiments Königin Elisabeth, Hauptmann v. Bangels.

Sturm-Compagnien.

1. und 4. Compagnie des 4. Garde-Grenadier-Regiments Königin Augusta, Hauptleute v. Rosenberg und v. d. Hardt.

Reserve-Compagnien.

3. Compagnie des 3. Garde-Grenadier-Regiments Königin Elisabeth, Hauptmann v. Stwolinski.

5. Compagnie des 4. Garde-Grenadier-Regiments Königin Augusta, Hauptmann v. Gliszczynski.

Premier-Lieutenant Hübler der Magdeburgischen Artillerie-Brigade Nr. 4 mit vier Unteroffizieren und zwanzig Artilleristen.

Alle diese Truppentheile, 11½ Bataillon, fünf Pionier-Compagnien und 144 Artilleristen fanden sich am 18. April bereits vor Eintritt der Tageshelle auf den ihnen angewiesenen Punkten in und hinter der dritten Parallele ein. In den vorwärts gelegenen Emplacements war das Vorposten-Bataillon dieses Flügels eingenistet — vier Compagnien des 60. Regiments unter dem Oberstlieutenant v. Stülpnagel — und begann mit grauendem Morgen das Feuergefecht gegen die feindlichen, hinter den Werken aufgestellten Infanteristen, das sich bald in ziemlicher Heftigkeit entwickelte, aber, bei der beiderseits gedeckten Lage, eigentlich resultatlos blieb.

Die dahinter etablirten Sturmcolonnen ermahnte dies Feuer zu besonders vorsichtiger Deckung, da sich beim Feinde auch Wallbüchsen — jede Schanze hatte deren fünf — und Espignolen daran betheiligten. Es hatte seine großen Schwierigkeiten, sämmtliche Mannschaften derselben in der einen Parallele so unterzubringen, daß der Sturm nach der Disposition zur Ausführung kommen konnte, denn trotz ihrer bedeutenden Verbreiterung genügte dennoch der gewonnene Raum noch nicht ganz, da das verschiedene Sturmgeräth einen Platz in Anspruch nahm, der schwer zu berechnen war. Man suchte sich nun dadurch zu helfen, daß einzelne Compagnien der Sturmreserve sich hinter dem Laufgraben, auf dem Revers niederlegen mußten, wo sie einigermaßen Deckung fanden. Die Schützen-Compagnien standen unmittelbar hinter den Ausfallsstufen, ihnen zunächst die Pioniere und die Arbeiter-Compagnien. Die Parallele selbst war mit Faschinen und Bohlen möglichst practicabel gemacht worden, was sich ohne große Schwierigkeiten ausführen ließ, da das Wetter der letzten acht Tage dem Boden neue Feuchtigkeit nicht zugeführt hatte, und schließlich erhielt sie noch eine reichliche Belegung mit Stroh, so daß die Mannschaft, während des sieben= bis achtstündigen Aufenthaltes vor dem Sturme, hier noch einige Ruhe finden konnte.

Hinter den Sturmcolonnen rückte zu einer etwas späteren Stunde der Rest der Brigade Canstein, und zwar ungesehen vom Feinde, in die zweite und Halbparallele ein, und hatte dort bis um 10 Uhr ihre Aufstellung genommen; sie zählte, einschließlich drei Compagnien des Brandenburgischen Jäger=Bataillons — die erste war zur Sicherung der Batterien von Gammelmark bei Willersholm und Mölschau aufgestellt — 3¼ Bataillon. Ebenso war die Brigade Raven mit 3¼ Bataillonen in der Gegend östlich der Büffelkoppel gedeckt formirt worden. Drei Compagnien des 18. Regiments behielten die Vorposten nördlich der Chaussee, unter Commando des Major Meden besetzt.

Zur Unterstützung der Reserve=Brigaden in dem jenseit der genommenen Schanzen zu führenden Gefechte, bestimmte die Disposition vier Feldbatterien und stellte sie unter den Oberstlieutenant v. Bergmann der Brandenburgischen Artillerie=Brigade Nr. 3. Früh um 3 Uhr hatte er sie, unter Zurücklassung der Munitionswagen hinter der Büffelkoppel, näher den Schanzen zu aufgestellt und zwar die 4Uer und die Haubitz=Batterie südlich der Chaussee, unmittelbar hinter dem Spitzberge, die beiden anderen in einer Senkung hart nördlich derselben, wo sie, dem Auge des Feindes vollständig entzogen, den Erfolg des ersten Angriffs abwarten sollten.

Der Befehl an drei 6Uer Batterien, wonach dieselben in einem ihnen zu bezeichnenden Augenblicke, die Rolle als Belagerungs=Batterie mit der einer bespannten Feldbatterie vertauschen und so schnell als möglich vorwärts in das Gefecht eilen sollten, war durch die Betrachtung hervorgerufen worden, daß die vier Batterien unter dem Oberstlieutenant v. Bergmann, wenn sie jenseit der Schanzen in das Gefecht gezogen werden sollten, dort gegen die, von uns fast noch unberührte feindliche Artillerie im Brückenkopf und in den großen Batterien über Sonderburg, einen schweren Stand haben würden. Mit Hülfe der drei 6Uer Batterien, welche jene Feldbatterien durch ihr Erscheinen auf dem Kampfplatze fast verdoppelten, konnte man jedoch hoffen, des feindlichen Feuers Herr zu werden.

Die übrigen Befehle, welche der Oberst Colomier in Bezug auf die Verladung von Batterie-Baumaterial und Munition für 24 schwere Geschütze auf 300 Wagen und die Bereitstellung von Angespannen für dieselben, sowie die Concentrirung sämmtlicher disponiblen Festungs-Artilleristen im Belagerungspark ertheilte, waren in der Voraussicht gegeben, daß ein weiteres Verfolgen der errungenen Vortheile sich als nothwendig herausstellen könnte. Die Artillerie war somit bereit und in der Lage, sofort neue Aufgaben, ohne Zeitverlust, lösen zu können.

Die anderen Brigaden betreffend, ist anzuführen, daß die Brigade Schmid, nachdem sie zwei Bataillone zur Sturmcolonne 4 abgegeben hatte, noch aus vier Bataillonen bestand, von denen zwei die Vorposten gegenüber den Schanzen 8, 9 und 10 inne hatten, die beiden anderen in der Gegend von Rackebüll als Soutien standen.

Die Brigade Göben zählte mit dem Westphälischen Jäger-Bataillon, in dessen Stelle das Westphälische Dragoner-Regiment die Bewachung der Küste an der Alsener Föhrde übernahm, sechs Bataillone. Sie sammelte sich hinter dem Satruper Holz, woselbst ihr noch drei Feldbatterien unter dem Major v. Held — die 3. 6⁶⁄ₑr Garde-Batterie, die 1. 12⁶⁄ₑige der Westphälischen und die 3. Haubitz-Batterie der Brandenburgischen Artillerie-Brigade — zur Verfügung gestellt wurden. Die Ponton- und Bootscolonnen mußten unter dem Schutze der Nacht in das Holz einrücken um dort bereit zu sein, die Truppen nach Alsen hinüber zu setzen; zur Unterstützung der Pontonniere beim Rudern, sollten die Mannschaften der Infanterie, welche schon zum Uebergang bei Ballegaard designirt gewesen waren, hier eintreffen.

Indem der General v. Göben somit die verfügbaren Mittel zu einem Uebergange erhielt, legte es der commandirende General vollständig in seine Hand, denselben zu unternehmen oder nicht, und überließ es seinem Ermessen, zu entscheiden, ob das Unternehmen Aussicht auf einen günstigen Erfolg habe; nur dann sollte es ausgeführt werden.

Schließlich ist der allgemeinen Reserve zu erwähnen, die sich aus der Brigade Röder und aus dem Rest der Garde-Division bildete. Erstere zählte 4½, letztere sechs Bataillone; sie setzten sich um 10 Uhr früh von Nübel und Satrup in Bewegung.

Der Feldmarschall Freiherr v. Wrangel hatte seit einiger Zeit sein Hauptquartier wieder nach Flensburg zurückverlegt, um hier den Ereignissen näher zu sein, die bei Düppel einer Entscheidung entgegen reiften; am 18. April früh traf er mit seinem Stabe und in Begleitung des Kronprinzen und des Prinzen Albrecht Vater auf dem Angriffs= terrain ein, wo sich heut der Sturm entwickeln sollte, und begab sich, in Gemeinschaft mit dem Prinzen Carl, zunächst auf die Höhen bei Dünth, von wo aus das Gefechtsfeld eine gute Uebersicht darbot. Auch andere Deutsche Fürsten, Prinzen, Generale und Offiziere verschiedener Mächte waren hierher geeilt, um Zeuge des großartigen kriegerischen Schauspieles zu sein.

Die Dänischen Vertheidigungs=Maßregeln.

Ehe wir zur Betrachtung der Ereignisse des 18. April gelangen, müssen wir noch den Dänischen Vertheidigungs=Einrichtungen einige Aufmerksamkeit schenken. Wir haben bisher der Befestigungen des Sund= bewitts nur obenhin und so weit erwähnt, als sie den Angreifern im Laufe der Belagerung bekannt geworden waren. Angeführt hatten wir, daß sie in erster Linie aus zehn selbstständigen Schanzen bestanden, von denen Nr. 1 sich an den Wenningbund und Nr. 10 an den Alsensund lehnte; ferner, daß die Linie derselben einen markirt hervortretenden Hö= henzug frönte, daß ein Brückenkopf das Reduit der ganzen Stellung bil= dete und ihre rückwärtige Verbindung sicherte, so wie endlich, daß die in erster Linie liegenden Schanzen, durch laufgrabenartige Communicatio= nen mit einander in Verbindung gesetzt waren. Viel mehr als das eben Gesagte hatte man auch bisher noch nicht beobachten können, außer daß rückwärts der ersten Linie die Anlage einer zweiten begonnen war, deren Situation man aber auch nur so weit kannte, als sie auf dem südlichen Abfalle der Düppeler Höhen von den Observatorien bei Dünth und Schelde übersehen werden konnte. Genaue Kenntniß über den Stand der Befestigungen und ihre Lage im Terrain gewann man erst am 18. April, nachdem der Besitz der ganzen Stellung gesichert war.

Die Lage derselben erhellt im Allgemeinen aus dem beigefügten Plane (Beilage 8), auf den wir dieserhalb verweisen müssen und nur noch Folgendes hinzufügen.*) Die Profilverhältnisse der Werke

---

*) Der Belagerungsplan der Düppeler Schanzen und der Plan zum Uebergange nach der Insel Alsen im Maßstabe von 1:10,000 d. N. aufgenommen und gezeich=

waren im Allgemeinen benen der Danewerkschanzen ähnlich, namentlich in Bezug auf Stärke und Höhe der Brustwehren, Breite und Tiefe der Gräben; ferner zeigte sich hier eine ähnliche Construction der Rollbrücken über die Kehlgräben der geschlossenen Werke und in der Anbringung der Pallisadirungen der Gräben. Sie bestanden theils in Pallisaden=wänden, hinter benen an manchen Orten Vertheidigungsmannschaften aufgestellt waren, theils in starken Sturmpfählen an der Escarpe oder Contreescarpe.

Die Schanze Nr. 1 lag unmittelbar am Wenningbund auf einer leicht hervortretenden Erhöhung des Uferrandes und beherrschte durch ihr Feuer den Weg längs der Küste vollständig. Vor ihr zog sich eine nasse Schlucht aus der Gegend der Chaussee herabkommend, als eine Art Hinderniß entlang. Die Schanze bestand in einer fünfeckigen Re=doute, welche zwei, im stumpfen Winkel zusammenstoßende Facen dem Hauptangriff zukehrte, während eine lange Flanke nach dem Wenning=bund hinaus sah.

Wie bei allen geschlossenen Werken der Düppelstellung, vertheidigte das Innere der Schanze ein großes und sehr starkes Blockhaus, dessen Ständerwänden man durch einige davorgelegte starke Langhölzer eine vermehrte Haltbarkeit gegeben hatte. Obgleich diese Blockhäuser beim Beginn der Beschießung nicht zu sehen waren und man ihre Lage nur vermuthen konnte, so traten sie doch sichtbar hervor, nachdem es der Angriffs=Artillerie gelungen, die Brustwehren an einigen Stellen ab=zukämmen, so daß ihnen nun das Feuer immer gefährlicher werden mußte und seinen zerstörenden Einfluß auf sie üben konnte. Es läßt sich daher mit einiger Bestimmtheit behaupten, daß es für die Verthei=bigung weit vortheilhafter gewesen wäre, wenn man die Blockhäuser um einige Fuß versenkt angelegt hätte. Ein anderer Uebelstand für die Ver=theidigung, der bei Schanze 1 in derselben Weise hervortrat wie bei allen übrigen geschlossenen Werken, war der zu gering bemessene innere Raum. Aus den Grundrissen des größten Theils der Schanzen, welche wenige Tage vor ihrer Erstürmung zugänglich wurden, ging indessen hervor, daß

---

net von Pietzsch, Feuerwerker in der 4. Artillerie=Brigade, giebt ein richtiges, kla=res und übersichtliches Bild der ganzen Situation. Der Herausgeber, der an Ort und Stelle dienstlich beschäftigt war, hat das Material mit Sorgfalt gesammelt und mit Geschick verarbeitet. Der Plan dürfte das Beste sein, was bis jetzt in dieser Beziehung vorhanden ist und verdient empfohlen zu werden.

sie bei ihrer Erbauung einen vollständig genügenden Raum gehabt haben mußten und dieser erst im Laufe der Action durch die Nothwendigkeit beschränkt und eingeengt worden war, sich mit Traversen aller Art und Verstärkung der Brustwehren, gegen das Feuer des Angreifers von Gammelmark und in der Richtung der Flensburger Chaussee zu sichern. Dies machte die Zusammendrängung der Schanzen-Besatzung auf engem Raume unvermeidlich, es führte selbstredend nicht unbedeutende Verluste herbei, verhinderte den Ueberblick über die Mannschaft und erschwerte die Leitung der Vertheidigung wesentlich.

Von der dem Meere zugekehrten Flanke der Schanze 1 zog sich eine zur Vertheidigung eingerichtete Linie mit einem durch Pallisaden verstärkten Graben bis in die See hinein und setzte sich im Wasser bis zu größerer Tiefe durch einen Verhau fort, so daß ein Umgehen dieser Flanke im seichten Wasser nicht auszuführen war. Oben auf der Kante des Abfalles zum Meere begann die gedeckte Communication nach rückwärts, die zur zweiten Linie und weiter führte.

Der Anschluß nach Norden setzte an dem rechten Schulterpunkt des Werkes an und lief in Form eines Laufgrabens mit starkem Profil und einem Graben vor sich, zunächst zur Schanze 2.

Die Verbindungslaufgräben hatte man durch Traversirungen gegen das Flankenfeuer zu schützen gesucht, und außerdem waren von der Vertheidigungsmannschaft in den Brustwehrkörper hinein, Aushöhlungen angebracht worden, in denen je ein Mann so eben Schutz finden konnte, so daß nun eine Reihe, neben einander gelegener, Nischen entstanden war. Die Dänischen Ingenieure fürchteten nun zwar, daß die Anlage dieser Sicherheitsräume auf eigene Hand, zuletzt der Haltbarkeit der Werke im Allgemeinen, Eintrag thun würde; da man aber der Mannschaft keinen anderen Schutz gegen das immer mächtiger werdende Feuer des Angreifers gewähren konnte, so ließ man diese Selbsthülfe geschehen und suchte sie nur so viel als möglich in solchen Grenzen zu erhalten, die dem Genie-Corps für das Allgemeine von dem wenigsten Nachtheil erschien.

Diese Verbindungen erhielten Einrichtung für Infanterie-Vertheidigung und ihre Krete krönten Sandsackscharten. In der Mitte der Communication 1 zu 2 war eine Batterie angelegt und mit Feldgeschützen armirt, aus denen man die ganze Verbindungslinie und die beiden zunächst gelegenen Schanzen flankiren konnte.

Die Schanze Nr. 2 bildete eine sechsseitige Redoute oder eine Art abgestumpfter Lünette, deren Kehle eine Brustwehr schloß. Beide Flanken bestrichen die anstoßenden Verbindungslinien, auf denen auch nördlich der Schanze, ebenso wie südlich derselben, eine Batterie erbaut war, die hier lünettenartig vorsprang. Den dort stehenden Geschützen hatte man bisher keinen erheblichen Schaden zugefügt, da sich das Feuer vorzugsweise gegen die Hauptschanzen wandte.

Die Schanze Nr. 3 war eins der kleineren Werke der Düppel= stellung; eine Batterie mit zwei angehängten Flanken, deren Kehle eine Pallisadirung schloß. Gemeinschaftlich mit den Werken 4 und 5 beherrschte sie die Chaussee und das zunächst gelegene Terrain vollständig, und wie aus dem Plane ersichtlich, vertheidigten diese drei Werke sich gegenseitig, so daß hier einer der stärksten und wichtigsten Punkte der ganzen Vertheidigungslinie lag. Nördlich der Schanze 3 befand sich in der Verbindungslinie ein mit zwei Feldgeschützen beseß= tes Emplacement.

Die Schanze 4, auf einer Kuppe südlich der Chaussee gelegen und gegen die Schanzen 3 und 5 etwas zurückgezogen, war eine starke sechs= seitige Redoute, und bildete den hauptsächlichsten Halt für den feindlichen linken Flügel, den sie durch ihre erhöhte Lage dominirte und sogar das Terrain rückwärts der Schanzen 3, 2 und 1 mit ihrem Feuer be= herrschte. Für die Behauptung der drei linken Flügelschanzen war daher die Eroberung der Schanze 4 ein entscheidendes Bedürfniß. In der Verbindungslinie 4 zu 5 hatte man zu beiden Seiten der Chaussee und ferner nördlich derselben, näher an Schanze 5, Emplacements für Feld= geschütze erbaut.

Die Schanze 5 bestand aus einem ähnlichen Werk wie Schanze 3. Ihre Wichtigkeit bestand, nächst der flankirenden Lage zu den Schanzen 3, 2 und 1 darin, daß sie aus zwei Scharten die Chaussee bis nach dem Spitzberge hin bestreichen konnte.

Die Schanze 6, räumlich wohl die ausgedehnteste und am stärksten armirte von allen Schanzen, war eine fünfseitige Redoute; auf dem höch= sten Punkte der Linie liegend, welche die erste Schanzenreihe inne hatte, reichte ihre Wirkungssphäre nach beiden Flügeln bis zum Meere hin. Nördlich von ihr zog sich ein breiter und tiefer Terrain=Einriß, in wel= chem in nassen Zeiten ein Wasserlauf herunter rieselte, aus der Nähe der Düppelmühle herkommend, nach dem abgebrannten Oster=Düppel hinab. Zur Beherrschung dieses Grundes erachtete man die Wirksamkeit der Schanzen 6 und 8 nicht für ausreichend und hatte deshalb in seiner Verlängerung, etwa 350 Schritt weiter rückwärts, auf einer Kuppe

die Schanze 7 angelegt, und zwar nach demselben Grundriß wie die Schanzen 3 und 5, aber mit offener Kehle. Vermöge ihrer erhöhten Lage influirte sie auf die Vertheidigung der Schanzen 5, 6 und 8 nicht unbedeutend. Mit den beiden letzteren war sie durch Laufgräben in Verbindung gesetzt.

Die Schanzen 8, 9 und 10, sämmtlich große geschlossene Werke, waren ungefähr nach ähnlichem Grundriß construirt wie die Schanze 6, und modificirten sich nur nach dem Terrain, auf dem sie gebaut waren. Die Communicationen zwischen denselben durchmaßen weit größere Räume als die des andern Flügels, da die Hauptwerke, wegen des vor ihrer Front sanft abfallenden und durchaus nicht complicirten Terrains, weiter als dort — auf 4 bis 600 Schritt — von einander entfernt liegen konnten. Mehrfach in ganz stumpfen Winkeln gebrochen, hatten sie zwischen Schanze 8 und 9, 9 und 10 und zwischen dieser und dem Meere Emplacements für Geschütze, in denen, während der Belagerung zu verschiedenen Malen Feldartillerie wirksam aufgetreten war. Die Schanze 10 beherrschte die Straße nach Apenrade, in deren Verlängerung sie lag, und auch Schanze 9 konnte nach dieser Richtung hin eine erhebliche Wirkung ausüben. Von ersterer bis zur Küste des Alsen-Sundes übernahm, auf eine Entfernung von 600 Schritt, ein Laufgraben den Schutz, welcher durch die Flankenbatterie auf Alsen seine Vertheidigung erhielt. Schwimmbäume im Sunde sperrten an dieser Stelle die Communication zu Wasser.

Die zweite Vertheidigungslinie, als Stütze für den linken Flügel der Stellung während der Belagerung entstanden, zählte drei Werke — Lünetten mit offenen Kehlen — die, wie bei den Schanzen der ersten Linie, durch Laufgräben mit einander verbunden waren. Diese Schanzen konnte man von Gammelmark aus deutlich sehen und wählte für sie dieselbe Bezeichnung, die ihnen die Dänen gaben: vom Wenningbund heraufgehend, A, B und C. Sie erwiesen sich am Sturmtage noch nicht als vollendet und auch nicht sturmfrei, aber mit Artillerie bereits armirt. Der Feind erwartete indessen von ihnen die Dienste, für welche sie bestimmt waren: einem zurückgehenden Gefechte so lange einen Halt zu gewähren, bis die Reserven auf dem Kampfplatz erschienen sein würden.

Ihre Lage weist der Plan nach. Die Lünette C trat bis auf 200 Schritt an die Schanze 4 heran und war mit dieser durch einen Laufgraben verbunden; ein anderer Ast desselben ging in der Richtung auf Schanze 7 weiter und überschritt die Chaussee, 300 Schritt westlich der Düppelmühle, dort eine mit Feldgeschütz armirte Batterie D schützend und sich dann zu einer fleschenartigen Form gestaltend. Von Schanze 7 liefen wie erwähnt Verzweigungen zu den Schanzen 6 und 8 hinab. Hier endete die zweite Vertheidigungslinie, welche somit nur für den linken feindlichen Flügel eine Bedeutung haben konnte, während sie, sobald der Angreifer den Theil nördlich von Schanze 8 überwältigte, sofort mit fallen mußte.

Man schien für das Verlorengehen dieses Flügels indeß nichts zu fürchten, und sich auf die Mitwirkung der Flanken- und Surlücke-Batterien zu verlassen, aber dabei den Fall wohl nicht mit in Rechnung gezogen zu haben, daß diese — wie jetzt eingestandenermaßen geschehen — vollständig zum Schweigen gebracht waren.

Von der zweiten Vertheidigungslinie bis zum Brückenkopf hatte das Terrain keine künstlichen Vertheidigungsmittel mehr aufzuweisen dagegen boten die dort stehen gebliebenen, großentheils von Norden nach Süden laufenden Knicks, der Vertheidigung noch manche nicht zu verachtende Stützpunkte dar.

Der Brückenkopf, wenn auch an sich nicht sehr räumlich und außer Stande größere Truppenmassen schützend aufzunehmen, zeigte eine große natürliche Festigkeit. Ursprünglich aus zwei getrennt liegenden Schanzen bestehend, hatte man jetzt beide durch eine Brustwehr mit einander verbunden und den Brückenkopf nach Norden hin durch eine laufgrabenartige Umwallung beträchtlich erweitert; auf beiden Flügeln war ein Anschluß durch starke, mit Thoren versehene Pallisadenwände an das Meer hergestellt. Die südliche Schanze, welche die schmalste Stelle des Sundes, dem Schloß gegenüber, deckte, war nur zur Infanterie-Vertheidigung eingerichtet, während die nördliche, die den Schutz der zwei Ponton-Brücken bildete, eine artilleristische Armirung von vier schweren Geschützen besaß. Die Entwickelung der ganzen Feuerlinie betrug fast 1500 Schritt. Der Brückenkopf lag auf dem steil nach Osten abfallenden Thalrande und hatte ein freies, ziemlich ebenes Terrain vor sich, das allmählig zu den etwa 1200 Schritt entfernten Düppelhöhen anstieg. Im Innern desselben standen mehrere Gebäude, von benen ein Theil zur Vertheidigung eingerichtet, in sämmtlichen aber die Besatzung untergebracht war, die außerdem noch in einer Anzahl hart am Wasser errichteter Zelte campirte. Die Gebäude befanden sich von ihren Bewohnern schon seit längerer Zeit, sammt Möbeln und Hausgeräth, verlassen.

Zur Zeit des Sturmes standen, mit einem Zwischenraum von 150 Schritt, zwei Schiffbrücken über den Sund und führten aus der Gegend, wo die Chaussee von Flensburg an das Ufer tritt, nach der Stadt hinüber. Beim Schloß sah man auf beiden Ufern Landungs= brücken stehen; hier war eine Fähre in Thätigkeit gewesen, die man in= dessen seit dem Beginn der Beschießung weiter nach dem Sunde hinein verlegt hatte, wo sie jetzt, an einem Fährtau in Bereitschaft lag, so daß also drei Communicationsmittel zwischen dem Sundewitt und der Insel Alsen bestanden.

Seine Hauptvertheidigung erhielt der Brückenkopf von den Bat= terien, die man in Sonderburg und unmittelbar dabei erblickte. Eine derselben, die Mühlenbatterie, lag südlich des Schlosses, nahe einer großen Windmühle; eine zweite im Schlosse selbst, die Ge= schütze in kasemattenartigen Räumen des Souterrains hinter den stärksten Mauern stehend; eine dritte unmittelbar vor der Kirche, und eine vierte, die Kirchenbatterie — mit fünfzehn der schwersten Geschütze — auf einer Höhe hart nördlich der Stadt beim Kirchhofe, von der nicht allein der Brückenkopf, sondern auch das ganze freie Vorterrain desselben und vorzüglich die Chaussee auf das wirksamste beherrscht werden konnte. Ferner wirkten noch die 500 Schritt weiter nördlich auf mehreren Kuppen erbauten Baabsager= und Flanken=Batterien bei der Vertheidigung des Brückenkopfes mit und endlich die Stadt Sonderburg selbst. Alle nach dem Wasser zu gelegenen Häuser — sogar die Trümmer der ab= gebrannten — zeigten sich zur Infanterie=Vertheidigung eingerichtet; mitten durch Schutthaufen und quer über den freien Platz unfern des Schlosses, zogen sich Schützengräben hin, in denen an mehreren Stellen sogar Emplacements für Geschütze hergestellt waren. Dort und im Schlosse konnten mindestens zwei Bataillone gedeckte Aufstellung finden, da das terrassenartig ansteigende Sonderburg eine Placirung mehrerer Linien über einander gestattete.

Man muß gestehen, daß alle diese Umstände, welche, wenn sie auch in ihren Details am 17. noch keineswegs übersehen werden konn=

ten, doch im Allgemeinen bekannt waren, den Brückenkopf zu einer so formidablen Position stempelten, daß wenig Aussicht blieb, ihn am 18. ebenso wie die Schanzen selbst, zu erobern.

Dies war in großen Zügen die Düppelstellung, zu deren unmittelbarer Vertheidigung der General Gerlach 29 Bataillone, fünf Feldbatterien, sechs Escadrons Cavallerie, mehrere Artillerie=, Festungs= und Genie=Compagnien zur Verfügung hatte. Außerdem befand sich auf der Insel Alsen noch das 11. Regiment, welches die Besatzung der Verschanzungen hinter dem Sunde bis Arnkiels=Oere hinauf bildete. Das 12. Regiment war seit einiger Zeit verschwunden und nach einigen Angaben, nach dem Norden der Insel gesandt, anderen Nachrichten zufolge indessen nach Fünen hinübergeschafft worden, um ihm jede Gelegenheit zur Desertion zu nehmen, die in seinen Reihen eingerissen war.

Die 29 Bataillone waren in sieben Brigaden eingetheilt — die 1. 2. 3. 4. 5. 6. und 8. — und zerfielen in die 1. Armee=Division, General=Major Steinmann und in die 2., General=Major du Plat.

Bereits am 19. Februar hatte der General Lüttichau eine detaillirte Instruction für die Vertheidigung der Stellung seinen Truppen mitgetheilt, die wir, mit allen ihren Details, hier folgen lassen wollen, obgleich sie in mehreren Punkten später, wie wir sehen werden, durch die Umstände einige Modificationen erlitt. Sie zeigt aber die Art und Weise, wie man diesen Dienst bei der Dänischen Armee handhabte.

Instruction für die Besatzung und Vertheidigung der geschlossenen Schanzen in der Düppelstellung.

1. Jede geschlossene Schanze, wozu auch der Brückenkopf zählt, wird mit der vom Ober=Commando bestimmten Stärke besetzt.
2. Während dem Commandeur der Artillerie=Besatzung stets allein die Verantwortlichkeit für die Leitung des Geschützfeuers zusteht, übernimmt der älteste Offizier in der Schanze das Commando über die gesammte Besatzung aller Waffen, wenn ein Angriff stattfindet oder erwartet wird.
3. Bei Uebernahme des Commandos in den Schanzen und ebenso bei der täglichen Ablösung müssen die Commandeurs sich sofort überzeugen, ob sie im completten Stand sind, die Thore geschlossen und die Brücken eingezogen werden können u. s. w.

Beilage Nr. 9.

Turnus
des Dienstbetriebes der Dänischen Brigaden in der Besetzung der Düppel-Stellung.

Datum.	Brigaden.	Waren im Dienst oder cantonnirten in:
den 13. April 1864	4. und 5. Brigade 1. und 6. „ 2. 3. und 8. „	der Stellung den Barracken und dem Brückenkopf den Cantonnements
den 14. April 1864	6. und 8. „ 4. und 5. „ 1. 2. und 3. „	der Stellung den Barracken und dem Brückenkopf den Cantonnements
den 15. April 1864	3. und 4. „ 6. und 8. „ 1. 2. und 5. „	der Stellung den Barracken und dem Brückenkopf den Cantonnements
den 16. April 1864	2. und 8. „ 3. und 4. „ 1. 5. und 6. „	der Stellung den Barracken und dem Brückenkopf den Cantonnements
den 17. April 1864	1. und 3. „ 2. und 8. „ 4. 5. und 6. „	der Stellung den Barracken und dem Brückenkopf den Cantonnements
den 18. April 1864	2. und 5. „ 1. und 3. „ 4. 6. und 8. „	der Stellung den Barracken und dem Brückenkopf den Cantonnements
den 19. April 1864	1. und 6. „ 2. und 5. „ 3. 4. und 8. „	der Stellung den Barracken und dem Brückenkopf den Cantonnements

den 20. April wie am 13., den 21. wie am 14., und so fort.

Berlin, Druck von Gebr. Unger (Th. Unger), Königl. Hofbuchdrucker.